Wolf von Kopp-Colomb
Jagdrecht für die Jägerprüfung in Hessen

Zur Entstehung dieses Buches

Dieses Buch entstand im Rahmen der Jagdausbildung im Sachsenhäuser Jagdklub e.V. in Frankfurt.

Wolf von Kopp-Colomb ist Jurist, als solcher beruflich im Bereich des Kapitalmarktrechts tätig (auch als Herausgeber und Autor von Fachliteratur), und Jäger. Im Rahmen der von ihm gestalteten rechtlichen Jagdausbildung stellte sich der Bedarf an einer knappen Darstellung des in Hessen anwendbaren Jagdrechts heraus, die auch als Unterrichtsmaterial und zur Prüfungsvorbereitung geeignet ist. Neben Vortragsunterlagen, einer Gesetzessammlung und Prüfungsfragen entstand ein Skript und aus diesem dieses Buch.

Zu den in diesem Buch verwendeten Rechtstexten

Bei den in diesem Buch erwähnten Gesetzes- und Verordnungstexten wurden Änderungen bis zum 01.10.2017 berücksichtigt, beinhaltet folglich auch die Hessische Jagdverordnung wie auch die Änderungen der waffenrechtlichen Aufbewahrungsvorschriften (2017) und der naturschutzrechtlichen Vorschriften zu invasiven Arten (2017). § 28a BJagdG tritt am 15.03.2018 in Kraft. Fehler können nicht ausgeschlossen werden. Eine Haftung wird nicht übernommen.

Die Gültigkeit einiger Erlasse zum Hessischen Jagdgesetz wurde nicht verlängert. Da sich die Auslegung des Hessischen Jagdgesetzes dennoch an diesen Erlassen orientieren dürfte, werden diese in diesem Buch erwähnt.

Jagdrecht
für die Jägerprüfung in Hessen

Wolf von Kopp-Colomb

2. Auflage

Impressum

Bibliografische Information der Deutschen Nationalbibliothek
Die Deutsche Nationalbibliothek verzeichnet diese Publikation in der Deutschen Nationalbibliografie; detaillierte bibliografische Daten sind im Internet über www.dnb.de abrufbar.

Copyright: © 2017 Wolf von Kopp-Colomb
Herstellung und Verlag: BoD – Books on Demand, Norderstedt
ISBN 9783744889698

Vorwort

Dieses Buch soll die Vorbereitung auf die Prüfung zur Erlangung des ersten Jagdscheins in Hessen im Sachgebiet 4 (Recht) durch eine knappe Darstellung des geforderten Wissens zielgerichtet unterstützen. Inhaltlich orientiert sich das Buch insoweit an den verbindlichen wie auch fakultativen Teilen des Ausbildungsrahmenplans des Landesjagdverbandes Hessen e.V. zur Vorbereitung auf die Jägerprüfung in Hessen unter Berücksichtigung der aktuellen Rechtslage (Stand der verwendeten Rechtstexte: 01.10.2017) und des Fragenkatalogs zum schriftlichen Teil der Jägerprüfung. Im Hinblick auf das Lebensmittelhygienerecht/Wildbrethygiene verweist der Ausbildungsrahmenplan auf das Sachgebiet 2 (Jagdbetrieb), weshalb dieses Rechtsgebiet nur in einem stark verkürzten und damit zwangsläufig unvollständigen Überblick dargestellt wird.

Ergänzend sei darauf hingewiesen, dass mit der Behandlung der Themen des Sachgebiets 4 auch ansonsten nicht alle rechtlichen Themen behandelt werden, da vielfältige rechtliche Fragestellungen auch in anderen Sachgebieten behandelt werden. Unstreitig wichtig ist zudem die Kenntnis der Unfallverhütungsvorschrift Jagd (VSG 4.4). Für weitere Information dazu kann auf die Internetseite der Sozialversicherung für Landwirtschaft, Forsten und Gartenbau verwiesen werden (www.svlfg.de).

Wer sich mit dem Jagdrecht befasst, sollte dies auch anhand der einschlägigen Gesetze machen. Die entsprechenden Vorschriften werden im Buch genannt. Bundesrecht ist im Internet unter www.gesetze-im-internet.de abrufbar, hessisches Landesrecht unter www.rv.hessenrecht.hessen.de, europäisches Recht unter eur-lex.europa.eu und jagdrechtliche Entscheidungen unter www.jagdrechtliche-entscheidungen.de. Im Buchhandel erhältlich ist auch eine von mir herausgegebene Gesetzessammlung.

Hilfreich sind ferner die Internetseiten vom Landesjagdverband Hessen e.V. (www.ljv-hessen.de), dem Deutschen Jagdverband e.V. (www.jagdverband.de), der oberen Jagdbehörde in Hessen (www.rp-kassel.hessen.de) und der obersten Jagdbehörde in Hessen (www.umwelt.hessen.de).

Inhaltsverzeichnis

1. Jagdrecht 1

1.1 Aufbau des Jagdrechts 1

1.2 Inhalt und Ziele der Jagdgesetzgebung 2

1.3 Allgemeine Regelungen 6

1.4 Jagdbeschränkungen 21

1.5 Jagd- und Wildschutz 33

1.6 Wildschadensverhütung und Wild- und Jagdschaden, Verfahren des Wildschadenersatzes 38

1.7 Straf- und Bußgeldvorschriften 44

1.8 Bundeswildschutzverordnung 47

2. Naturschutz- und Landschaftspflegerecht 49

2.1 Grundsätze, Ziele und Inhaltsbestimmungen des Naturschutzrechts ... 49

2.2 Allgemeiner Schutz von Natur und Landschaft und bestimmter Teile . 51

2.3 Schutzgebietskategorien 54

2.4 Europäisches Schutzgebietssystem „Natura 2000" 57

2.5 Allgemeiner und spezieller Artenschutz 59

2.6 Erholung in Natur und Landschaft 64

2.7 Mitwirkungs- und Klagerechte von anerkannten Naturschutzvereinigungen 65

3. Tierschutzrecht und sonstige Rechtsvorschriften 66

3.1 Tierschutzrecht 66

3.2 Waffenrecht 69

3.3 Lebensmittelhygienerecht 91

3.4 Bundeswaldgesetz; Hessisches Waldgesetz 93

Anhang: Glossar und Jagdzeiten in Hessen 95

VI

1. Jagdrecht

1.1 Aufbau des Jagdrechts

Die Grundzüge des heute in Deutschland gültigen Jagdrechts entstanden in der Folge der Deutschen Revolution 1848/1849. Das Jagdrecht wurde dem Eigentümer auf seinem Grund und Boden zugesprochen und die Jagdausübung in Bezirken organisiert (Reviersystem).

Ursprünglich gab es Jagdgesetze nur auf Ebene der deutschen Länder. 1934 trat das Reichsjagdgesetz in Kraft und 1952 das Bundesjagdgesetz. Das Bundesjagdgesetz gab den Rahmen vor, innerhalb dessen die Bundesländer zur näheren Ausgestaltung eigene Jagdgesetze erlassen konnten.

Diese **konkurrierende Gesetzgebung** wurde im Rahmen der Föderalismusreform 2006 zu Gunsten einer stärkeren Gestaltungsmöglichkeit durch die Länder geändert. Zwar besagt der Grundsatz der konkurrierenden Gesetzgebung, dass die Bundesländer die Gesetzgebungsbefugnis haben, solange und soweit der Bund von seiner Gesetzgebungszuständigkeit nicht durch Gesetz Gebrauch gemacht hat (Art. 72 Abs. 1 GG). Unter anderem im Bereich des Jagdwesens (mit Ausnahme des Rechts der Jagdscheine) dürfen die Länder aber von Bundesgesetzen abweichende Regelungen treffen (Art. 72 Abs. 3 Nr. 1 GG). Im Verhältnis von Bundes- und Landesrecht geht dann das jeweils spätere Gesetz vor.

Das Land **Hessen** verfügt über ein Jagdgesetz (Hessisches Jagdgesetz, HJagdG) und eine Jagdverordnung (Hessische Jagdverordnung, HJagdV), die u.a. Jagd- und Schonzeiten für Hessen, die Jägerprüfung, Fallenjagd und Hegegemeinschaften rechtlich näher ausgestaltet. Details können auch in Erlassen des zuständigen Ministeriums geregelt werden.

Jagdrechtliche Regelungen können sich mit denen anderer Regelungsbereiche, insbesondere des Natur- und Tierschutzes, thematisch überschneiden. Es sind aber getrennte Rechtskreise.

1.2 Inhalt und Ziele der Jagdgesetzgebung

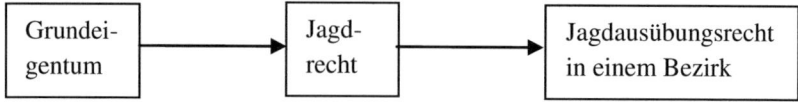

Das **Jagdrecht** ist die ausschließliche Befugnis, auf einem bestimmten Gebiet wildlebende Tiere, die dem Jagdrecht unterliegen (Wild), zu hegen, auf sie die Jagd unter Beachtung der allgemein anerkannten Grundsätzen der Weidgerechtigkeit auszuüben und sie sich anzueignen. Dazu gehört auch der Jagdschutz, d.h. der Schutz des Wildes insbesondere vor Wilderern, Futternot, Wildseuchen, vor wildernden Hunden und Katzen sowie die Sorge für die Einhaltung der zum Schutz des Wildes und der Jagd erlassenen Vorschriften, der Schutz bestandsbedrohter Wildarten und der Schutz jagdlicher Einrichtungen (§§ 1 Abs. 1 Satz 1, 23 BJagdG, § 29 HJagdG).

Das Jagdrecht steht dem **Eigentümer** auf seinem Grund und Boden zu. Es ist untrennbar mit dem Eigentum am Grund und Boden verbunden. Als selbständiges dingliches Recht kann es nicht begründet werden (§ 3 Abs. 1 BJagdG). Auf Flächen, an denen kein Eigentum begründet ist, steht das Jagdrecht den Ländern zu (§ 3 Abs. 2 BJagdG).

Das **Jagdausübungsrecht** ist das Recht, das **Jagdrecht** in einem bestimmten **Bezirk** ausüben zu dürfen. Die Jagdausübung erstreckt sich auf das Aufsuchen, Nachstellen, Erlegen (d.h. alle Handlungen, die unmittelbar auf das Töten des Wildes ausgerichtet sind) und Fangen von Wild (§ 1 Abs. 4 BJagdG). Im Falle des **Eigenjagdbezirks** ist der Eigentümer jagdausübungsberechtigt, bei einem **gemeinschaftlichen Jagdbezirk** der Jagdgenossenschaft. Das Jagdausübungsrecht kann einem Pächter übertragen werden (abgeleitetes Jagdausübungsrecht).

Das **Recht zur Aneignung** von (herrenlosem) Wild umfasst auch die ausschließliche Befugnis, krankes oder verendetes Wild, Fallwild und Abwurfstangen sowie die Eier von Federwild sich anzueignen (§ 1 Abs. 5 BJagdG). Eines Aneignungsrechts bedarf es, da das Wild herrenlos ist und damit niemandem gehört (§ 960 BGB). Das Aneignungsrecht besteht auch für ganzjährig geschontes Wild.

Mit dem Jagdrecht verbunden ist die **Pflicht zur Hege** (§ 1 Abs. 1 Satz 2 BJagdG). Der Hegeauftrag gilt sowohl für den Inhaber des Jagdrechtes (Eigentümer) als auch für den Jagdausübungsberechtigten (Pächter, Eigenjagdbesitzer). Die Hege ist so durchzuführen, dass Beeinträchtigungen einer ordnungsgemäßen land-, forst- und fischereiwirtschaftlichen Nutzung, insbesondere von Wildschäden, möglichst vermieden werden. Die Hegepflicht hat eine dreifache Bedeutung (vgl. § 1 Abs. 2 BJagdG, §§ 1 f. HJagdG):

-   Die Hegepflicht gilt dem Wild, dessen Artenreichtum, Bestand und Gesundheit zu erhalten ist. Nur die zugelassenen Jagdmethoden unter Berücksichtigung der Weidgerechtigkeit sind anzuwenden.
-   Im weiteren Sinne gilt die Hege den Lebensgrundlagen des Wildes, d.h. der Biotoppflege unter Beachtung von Interessen einer „ordnungsgemäßen land-, forst- und fischereiwirtschaftlichen Nutzung." Insbesondere das HJagdG betont den Schutz der natürlichen Lebensgrundlagen des Wildes und strebt u.a. an, dass mindestens 0,5 % der bejagbaren Fläche als Äsungsfläche zur Verfügung gestellt werden sollten (auf den Äsungsflächen ist der Anbau von Mais, Kartoffeln und Rüben sowie der Anbau von Getreide in Reinsaat unzulässig).
-   Drittens gilt es, unter Einbeziehung des Tierschutzes, krankes und verletztes Wild zu erlegen, Krankheiten und Seuchen zu bekämpfen.

Nicht der Hegepflicht unterliegen invasive Arten, für die Management- oder Beseitigungsmaßnahmen festgelegt wurden (§ 28a Abs. 3 BJagdG; siehe Kapitel 2.5).

Mit den Grundsätzen der **Weidgerechtigkeit** sind die weidmännischen Pflichten gemeint, die bei der Jagdausübung zu beachten sind und alle geschriebenen rechtlichen Bestimmungen und ungeschriebenen jagdethischen Verhaltensweisen und Regelungen einer tierschutzgerechten Jagd umfassen.

Im Interesse der Hege und zum Schutz des Aneignungsrechts besteht eine **Anzeigepflicht** für den Fall, dass ein Nichtaneignungsberechtigter Besitz oder Gewahrsam an Wild (lebend oder tot) erlangt. Dies gilt insbesondere für Fahrzeugführer, die Schalenwild verletzt oder getötet haben. Die Meldung hat gegenüber dem Jagdausübungsberechtigten oder der Polizei zu erfolgen, die wiederum den Jagdausübungsberechtigten benachrichtigt (§ 3 HJagdG).

Jagdjahr: 1. April bis 31. März (§ 11 Abs. 4 BJagdG)

Wild sind die Tiere, die dem Jagdrecht unterliegen. Das Jagdrecht unterscheidet zwischen Haarwild und Federwild sowie Hochwild und Niederwild und kennt das Schalenwild. Ob Wild bejagt werden darf, hängt davon ab, ob Jagdzeiten vorgesehen sind. Es gibt also durchaus dem Jagdrecht unterliegende Tierarten, die nicht bejagt werden dürfen. Die im Jagdrecht vorgesehene Hegepflicht gilt allerdings auch für dieses Wild.

Die Tierarten, die dem Jagdrecht unterliegen (Wild), sind in der folgenden Tabelle zusammengefasst, Wild mit Jagdzeit in Hessen ist durch einen Stern (*) markiert (auch wenn die Jagdzeit teilweise ausgesetzt ist bzw. von der Entwicklung der Bestände abhängt).

Jagdzeiten in Hessen (§ 22 BJagdG, Verordnung über die Jagdzeiten (Bund), § 1 f. HJagdV) – siehe **Anhang**. Wild, für das keine Jagdzeit festgesetzt ist, ist mit der Jagd zu verschonen. In begründeten Fällen, z.B. im Falle der Wildseuchenbekämpfung, zur Vermeidung von übermäßigen Wildschäden oder der Störung des biologischen Gleichgewichts, können die Schonzeiten für bestimmte Gebiete oder einzelne Reviere aufgehoben werden. **Wichtig**: In den **Setz- und Brutzeiten** dürfen bis zum Selbständigwerden der Jungtiere die für die Aufzucht notwendigen Elterntiere, auch die von Wild ohne Schonzeit, nicht bejagt werden (§ 22 Abs. 4 BJagdG). Dies gilt auch für invasive Arten (§ 28 Abs. 3 BJagdG).

4

	BJagdG	Hessisches Jagdrecht		
Haarwild	Wisent Elchwild Rotwild* Damwild* Sikawild* Gamswild* Steinwild Muffelwild* Schwarzwild*		Schalenwild	Hochwild
	Rehwild*			
	Feldhase* Schneehase Wildkaninchen* Murmeltier Wildkatze Luchs Fuchs* Steinmarder* Baummarder Iltis Hermelin Mauswiesel Dachs* Fischotter Seehund	Waschbär* Marderhund (Enok)* Mink* Nutria (Sumpfbiber)*		Niederwild
Federwild	Auerwild Steinadler Seeadler			Hoch- wild
	Rebhuhn* Fasan* Wachtel Birkwild Rackelwild Haselwild Alpenschneehuhn Wildtruthuhn Wildtauben(*) Höckerschwan Wildgänse(*) Wildenten(*) Säger Waldschnepfe Blässhuhn* Möwen(*) Haubentaucher Großtrappe Graureiher Greife Falken Kolkrabe	Rabenkrähe* Elster* (Nilgänse*)		Niederwild

5

1.3 Allgemeine Regelungen

Jagdbezirke

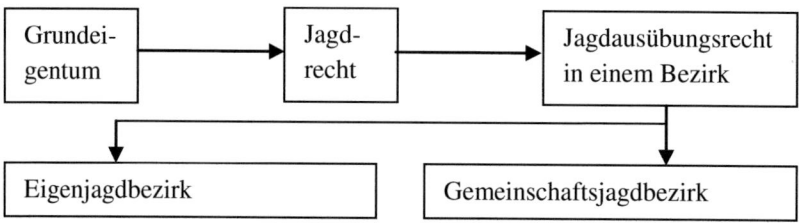

Prüfungsschema zu Abgrenzung der Jagdbezirke

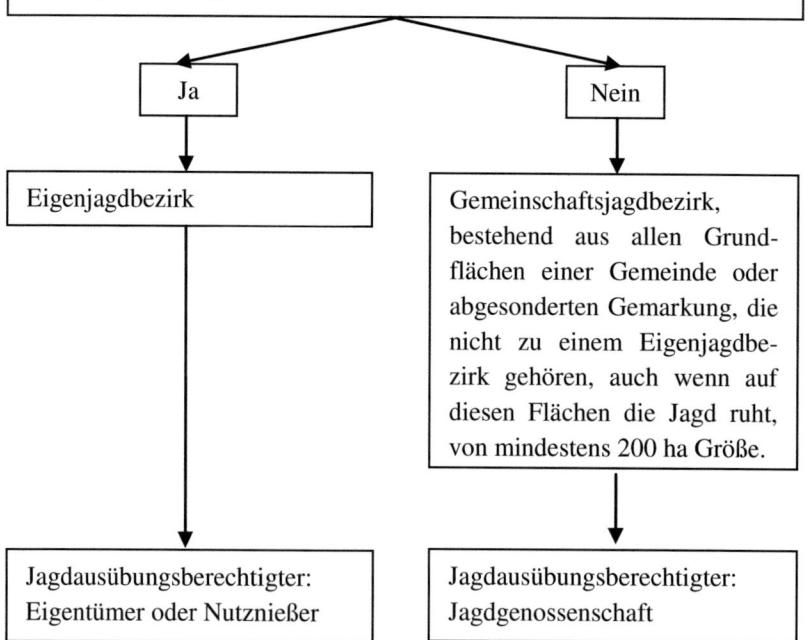

Sonderfälle:

- Zusammenhängende Grundflächen verschiedener Gemeinden, die im Übrigen zusammen den Erfordernissen eines gemeinschaftlichen Jagdbezirks entsprechen, können durch Antrag, der der Mehrheit der Grundeigentümer und der Flächen bedarf, durch die untere Jagdbehörde zu **gemeinschaftlichen Jagdbezirken** zusammengelegt werden. Ebenso können gemeinschaftliche Jagdbezirke **geteilt** werden, soweit die Mindestgröße gewahrt bleibt (siehe Tabelle unten).

- **Wasserläufe, Wege, Eisenbahnkörper** und ähnliche Flächen (z.B. der Grenzstreifen der ehemaligen DDR) bilden dann keinen eigenen Jagdbezirk, wenn trotz der erforderlichen Größe eine ordnungsgemäße Jagdausübung nicht gewährleistet ist, und unterbrechen nicht den Zusammenhang von Jagdbezirken und stellen auch den Zusammenhang zur Bildung eines Jagdbezirks zwischen getrennt liegenden Flächen nicht her (§ 5 Abs. 2 BJagdG).

- **Ländergrenzen** unterbrechen nicht den Zusammenhang von Grundflächen zur Bemessung eines Eigenjagdbezirkes. Ob ein Eigenjagdbezirk vorliegt, bemisst sich nach den Vorschriften des Landes, in dem der überwiegende Teil der Grundfläche liegt. Im Übrigen gelten die Vorschriften des Landes, in dem die Teilgrundfläche liegt (§ 7 Abs. 2 BJagdG).

- Auf die Selbständigkeit eines Eigenjagdbezirkes kann durch einvernehmliche Erklärung gegenüber der Jagdbehörde für die Dauer der Mindestpachtzeit **verzichtet** werden; die Flächen sind angrenzenden Jagdbezirken anzugliedern (§ 6 Abs. 3 HJagdG).

- **Vollständig eingefriedete Flächen**, d.h. die durch Zäune gegen das Ein- und Auswechseln von Schalenwild abgegrenzt sind, von weniger als 75 ha können zu Eigenjagdbezirken erklärt werden (§ 7 Abs. 3 BJagdG, § 6 Abs. 4 HJagdG).

- Jagdbezirke können durch Austausch, Abtrennung oder Angliederung von Gebieten abgerundet werden (**Abrundung**). Bei Angliederung an einen Eigenjagdbezirk ist über die angegliederte Fläche ein Pachtvertrag abzuschließen. Sind mehrere Eigentümer von einer derartigen Angliederung betroffen, bilden diese zur gemeinschaftlichen Vertretung ihrer Rechte eine Angliederungsgenossenschaft (§ 5 Abs. 1 BJagdG, §§ 4, 8 Abs. 4 HJagdG).

- Jagdbezirke, die vor der Abrundung die vorgeschriebene Mindestgröße aufweisen, verlieren ihre Eigenschaft als selbständiger Jagdbezirk nur dann, wenn sie sich durch die Abrundung um mehr als ein Fünftel ihrer Mindestgröße verkleinern (§ 4 Abs. 4 HJagdG), d.h. in Hessen bei Eigenjagdbezirken auf weniger als 60 ha und bei Gemeinschaftsjagdbezirken auf weniger als 160 ha.

- Auf Grundflächen, die zu keinem Jagdbezirk gehören, und in **befriedeten Bezirken** ruht die Jagd. Befriedete Bezirke sind Gebäude, die dem Aufenthalt von Menschen dienen, Hofräume und sich unmittelbar an Wohngebäude anschließende und umfriedete Hausgärten, Kleingartenanlagen, Campingplätze, Friedhöfe, Wildgehege (Schaugehege, nicht Jagdgatter) und *auf Antrag* auch öffentliche Anlagen und umschlossene Grundflächen sowie stehende Gewässer. In Ausnahmefällen kann die Jagdbehörde die Jagd in befriedeten Bezirken gestatten (§ 6 BJagdG, § 5 Abs. 1, 2 und 4 HJagdG).

- **„Kleines Jagdrecht"**: Eigentümer und Nutzungsberechtigte von befriedeten Grundflächen sowie von ihnen Beauftragte dürfen dort Wildkaninchen und nicht besonders geschützte Beutegreifer fangen, töten und sich aneignen (§ 5 Abs. 3 HJagdG). Die Vorschriften zur Fangjagd sind zu beachten, einschließlich des zu absolvierenden Ausbildungslehrgangs. Nach Ansicht des HMUKLV ist die Fangjagd ganzjährig möglich, wobei in den Setz- und Brutzeiten bis zum Selbständigwerden der Jungtiere die für die Aufzucht notwendigen Elterntiere nicht bejagt werden dürfen (§ 22 Abs. 4 BJagdG). Lebend gefangene Tiere dürfen nur mit einer Schusswaffe getötet werden (§ 39 Abs. 3 HJagdV) und dafür bedarf es auf befriedeten Grundflächen einer gesonderten Schießerlaubnis.

- **Befriedung aus ethischen Gründen** (§ 6a BJagdG):
    - Voraussetzungen:
        - ○ Glaubhafte ethische Gründe (insbesondere darf der Grundeigentümer nicht selbst jagen) und
        - ○ keine Gefährdung des Wildbestandes, der Land-, Forst- und Fischereiwirtschaft, des Naturschutzes, des Tierseuchenschutzes oder ähnliche Gefährdungen.

- Verfahren:
    - o Schriftlicher Antrag des Grundeigentümers
    - o Entscheidung nach Anhörung von Antragsteller, Jagdgenossenschaft, Jagdpächter, angrenzender Grundeigentümer etc.
- Dauer der Befriedung:
    - o Beginn in der Regel zum Ende des Pachtvertrages, bei Unzumutbarkeit auch früher, frühestens zum Ende des Jagdjahres.
    - o Ende drei Monate nach Eigentumsübergang an einen Dritten (es sei denn dieser stellt ebenfalls einen Antrag, dem stattgegeben wird) oder bei Widerruf (durch Verzicht des Eigentümers auf Befriedung oder durch Jagdausübung des Eigentümers, in der Regel auch, wenn die Anspruchsvoraussetzungen entfallen sind).
- Jagdanordnung im Ausnahmefall: bei Seuchengefahr, für Natur- oder Tierschutz, Vermeidung von sonstigen Gefahren für die öffentliche Sicherheit und Ordnung (die Anordnung ist sofort vollziehbar, notfalls kann die Jagd auf Kosten des Eigentümers durchgeführt werden)
- Wildschäden: Der Eigentümer befriedeter Flächen hat keinen Anspruch auf Ersatz von Wildschäden, vielmehr muss er sich anteilig am Ersatz des im Jagdbezirk entstehenden Gesamtschadens beteiligen (es sei denn, das Wild kommt auf seinem Grund nicht vor oder der Schaden wäre auch ohne Befriedung eingetreten).
- Eine Wildfolge auf aus ethischen Gründen befriedeten Flächen innerhalb des Jagdbezirks ist auch ohne schriftliche Vereinbarung möglich; der Eigentümer ist (möglichst vorab) zu informieren.

Vergleich Gemeinschaftsjagdbezirk/Eigenjagdbezirk

	Gemeinschaftsjagdbezirk	Eigenjagdbezirk
Mindestgröße	200 ha, Mindestgröße bei einer Teilung: 250 ha	75 ha (in Ausnahmefällen kleiner: an Bundesgrenze gelegen oder vollkommen eingefriedet)
Nutzung der Jagd	• Verpachtung • Für eigene Rechnung durch angestellte Jäger • Mit Zustimmung der Behörde: Ruhenlassen der Jagd	• Eigennutzung (ggf. durch angestellte Jäger) • Verpachtung
Maximale Anzahl Jagdausübungsberechtigter	Bei Verpachtung: Bis 500 ha 3 Personen, darüber hinaus je angefangene 150 ha 1 weitere Person	Bei Eigennutzung oder Verpachtung: Bis 150 ha 2 Personen, darüber hinaus je angefangene 75 ha 1 weitere Person
Wechsel des Grundeigentümers	Grundeigentümer im GJB erwirbt mindestens 75 ha: EJB, spätestens mit Ablauf des Pachtvertrages	Reduzierung der Grundfläche auf unter 75 ha: Zuordnung zum GJB, evtl. bestehender Pachtvertrag bleibt bestehen

Rechtliche Organisation des Gemeinschaftsjagdbezirks

- **Rechtsform**: Körperschaft des öffentlichen Rechts
- **Mitglieder**: Eigentümer der Grundflächen, die zu einem Gemeinschaftsjagdbezirk gehören und auf denen die Jagd ausgeübt werden darf
- **Organe**: Jagdvorstand (notfalls Gemeindevorstand, gerichtliche und außergerichtliche Vertretung), Jagdgenossenschaftsversammlung (Wahl des Vorstands, Satzung, Entscheidung über Nutzung der Jagd und die Verwendung des Reinertrags, d.h. den Jagdpachtertrag abzüglich der Verwaltungskosten der Jagdgenossenschaft)
- **Beschlüsse** bedürfen der Mehrheit der anwesenden und vertretenen Jagdgenossen und der Mehrheit der bei der Beschlussfassung vertretenen Grundflächen

Jagdpacht (§§ 11 ff. BJagdG, §§ 10 f. HJagdG):

- Der Pachtvertrag ist ein schuldrechtlicher Vertrag i.S.v. §§ 581 ff. BGB, der **schriftlich** abzuschließen ist.
- Pachtverträge können nur mit natürlichen Personen abgeschlossen werden.
- **Mindestpachtzeit 10 Jahre** (bei Verlängerung oder Eintritt in einen bestehenden Pachtvertrag auch kürzer).
- Die **maximale Anzahl von Jagdausübungsberechtigten** und die **Mindestgröße des Jagdbezirks** ist zu beachten (siehe Tabelle oben).
- Durch Pacht und entgeltliche Erlaubnis darf die Gesamtfläche, auf der dem Jagdausübungsberechtigten das Jagdrecht zusteht, **1 000 ha** nicht überschreiten (d.h. ohne befriedete Flächen).
- **Pachtfähigkeit:** Inhaber eines Jahresjagdscheins und vorher schon während dreier (voller) Jahre einen besessen.
- **Gegenstand** des Pachtvertrages ist das Jagdausübungsrecht, welches nur als Ganzes verpachtet werden kann. Es kann also z.B. nicht das Jagdausübungsrecht bezüglich des Niederwildes an den einen und bezüglich des Hochwildes an einen anderen Pächter verpachtet werden. Ein Eigenjagdbesitzer kann sich allerdings vertraglich die Jagd auf bestimmtes Wild vorbehalten (§ 11 Abs. 1 BJagdG).
- **Teilverpachtung** möglich bei Beachtung der Mindestgrenzen.
- Werden die Voraussetzungen nicht erfüllt: **Nichtigkeit** des Vertrags.
- Der Pachtvertrag ist der Jagdbehörde anzuzeigen und kann von dieser innerhalb von 3 Wochen beanstandet werden (Rechtsweg gegen die Beanstandung: Amtsgericht).
- Fläche ist in den Jagdschein einzutragen.
- **Pachten mehrere** jagdpachtfähige Jäger gemeinsam einen Jagdbezirk, bilden diese eine Gesellschaft bürgerlichen Rechts i.S.v. §§ 705 ff. BGB. Entscheidungen der Pächter sind grundsätzlich einstimmig zu treffen, es sei denn es ist etwas anderes vereinbart. Im Außenverhältnis haften die Mitpächter als Gesamtschuldner (§ 421 BGB).
- **Tod eines Pächters:** Der Tod eines Pächters führt grundsätzlich nicht zur Beendigung des Pachtvertrags, vielmehr treten die Erben dessen Rechtsnachfolge ein (es sei denn, die Erbfolge wurde im Pachtvertrag

ausdrücklich ausgeschlossen). Die Erben haben einen Jagdausübungsberechtigten gegenüber der Jagdbehörde zu benennen (der dadurch nicht Pächter wird). Die Behörde kann dafür eine Frist setzen, nach deren erfolglosem Ablauf die Behörde die zur Ausübung und zum Schutze der Jagd erforderlichen Maßnahmen auf Kosten der Erben treffen kann (§ 14 Abs. 2 HJagdG; z.b. Benennung eines Dritten zur Jagdausübung).

- Scheidet ein Mitpächter aus, bleibt der Vertrag bestehen, es sei denn Pachthöchstflächen des verbleibenden Pächter werden überschritten oder die Fortführung des Vertrags ist für ihn unzumutbar und er kündigt unverzüglich (§ 13a BJagdG).
- **Sonderkündigungsrechte** können *vertraglich vereinbart* werden (z.b. bei existenzgefährdenden Wildschäden, z.b. wenn der Betrag des ersatzpflichtigen Wildschadens den Pachtzins über mehrere Jahre übersteigt).
- **Vergabe** der Pacht eines Gemeinschaftsjagdbezirkes z.b. durch öffentliche Versteigerung, öffentliche Ausschreibung, freihändige Vergabe oder Verlängerung des laufenden Vertrages.
- **Pflichten** des Pächters: Jagdsteuer, Pflichtmitgliedschaft in der landwirtschaftlichen Berufsgenossenschaft (Mitgliedsbeiträge, Unfallversicherung, siehe dazu weiter unten am Ende des Kapitels).

Jagderlaubnisscheine (§ 12 HJagdG)

- Der Inhaber eines Jagderlaubnisscheins ist nicht Jagdausübungsberechtigter im Sinne des Jagdrechts.
- Die Erteilung der Jagderlaubnis bedarf der **Schriftform**.
- Erteilung oder Widerruf einer Jagderlaubnis bedarf der **Zustimmung aller Jagdausübungsberechtigter** und der Einwilligung des Jagdrechtsinhabers.
- Wird die Jagderlaubnis auf die Abschüsse näher bestimmten Wildes beschränkt, ist sie bis zu zwölf Monate gültig.
- **Entgeltliche Erlaubnisscheine**, die länger als zwölf Monate gültig sind, sind von der Jagdbehörde zu genehmigen. Die Pächterhöchstzahl darf nicht überschritten werden. Die Jagdfläche ist in den Jagdschein einzutragen.

12

- **Unentgeltliche Erlaubnisscheine**, die länger als zwölf Monate gültig sind, sind der Jagdbehörde anzuzeigen. Die Behörde kann die Jagderlaubnis untersagen, wenn die Pächterhöchstzahl überschritten ist. Werden unentgeltliche Jagderlaubnisse an Ortsansässige oder an Jagdausübende aus Nachbargemeinden erteilt, kann für jede unentgeltliche eine weitere unentgeltliche Erlaubnis erteilt werden.
- Hält sich kein Jagdausübungsberechtigter im Revier auf, hat der Jagdgast den Jagderlaubnisschein mit sich zu führen.
- **Eines Jagderlaubnisscheines bedürfen nicht**:
  o von der Jagdgenossenschaft angestellte Jäger bei Eigenbewirtschaftung der Gemeinschaftsjagd,
  o amtlich bestellte Jagdaufseher für die von ihnen betreuten Reviere,
  o ein der Behörde benannter Jagdausübungsberechtigter (§ 14 Abs. 1 HJagdG),
  o forstschutzberechtigte Personen des Forstdienstes, soweit Rechte Dritter dem nicht entgegenstehen.
- **Inhalt**: Revierteil, freigegebene Wildarten, Geltungsdauer.

Hegegemeinschaften (§ 10a BJagdG, § 9 HJagdG, §§ 30 ff. HJagdV)

Zusammenhängende Jagdbezirke (außer Wildschutzgebiete und vollständig eingegatterte Jagdbezirke), die einen bestimmten gemeinsamen Lebensraum für das Wild umfassen, bilden den räumlichen Wirkungsbereich einer Hegegemeinschaft, für das Niederwild in den von der Jagdbehörde zusammengefassten Jagdbezirken des Naturraums, für das Hochwild in den von der oberen Jagdbehörde abgegrenzten Hochwildgebieten. Gründet die Mehrheit der Jagdausübungsberechtigten auch nach Aufforderung durch die Jagdbehörde keine Hegegemeinschaft, kann dies durch die Behörde geschehen. Diese ermittelt dann die Mitglieder der Hegegemeinschaft und bestimmt aus deren Kreis einen geschäftsführenden Vorstand, der eine Satzung entwirft und zur konstituierenden Mitgliederversammlung einlädt.

Mitglieder einer Hegegemeinschaft sind die Jagdausübungsberechtigten, Eigenjagdbesitzer und in gemeinschaftlichen Jagdbezirken die Jagdgenossenschaften, vertreten durch deren Vorstand. Ein Vertreter des Forstamtes, dessen Jagdfläche im Gebiet der Hegegemeinschaft liegt, ist Mitglied für das Land in seiner Eigenschaft als Jagdausübungsberechtigter und Jagdrechtsinhaber. Jagdrechtsinhaber und Jagdausübungsberechtigte haben je angefangene 100 ha bejagbarer Fläche eine Stimme (die bei Personenmehrheit nur einheitlich ausgeübt werden kann). Die Hegegemeinschaft soll weitere fachkundige Personen aufnehmen, die von der Jägerschaft, der Landwirtschaft, Forstwirtschaft, den Jagdgenossenschaften und nichtstaatlichen Eigenjagdeigentümern, dem Naturschutz und Tierschutz benannt werden. Jede fachkundige Person hat als Mitglied der Hegegemeinschaft eine Stimme.

Organe der Hegegemeinschaft sind der für drei Jahre gewählte **Vorstand** und die **Mitgliederversammlung**. Die Mitgliederversammlung ist beschlussfähig, wenn die Mehrheit der Mitglieder anwesend und die Mehrheit der Jagdfläche vertreten ist. Die Hegegemeinschaft hat sich eine **Satzung** zu geben. Der Vorstand vertritt die Hegegemeinschaft gerichtlich und außergerichtlich. Der Umfang seiner Vertretungsmacht kann durch die Satzung mit Wirkung gegen Dritte beschränkt werden.

Aufgaben der Hegegemeinschaft:

1. Erstellung von Lebensraumgutachten und gemeinsame Durchführung von Hegemaßnahmen,
2. Aufstellung von Grundsätzen zur Hege und Bejagung des Wildes sowie die Abstimmung und Zusammenfassung der Abschussplanung der Jagdbezirke im Gebiet der Hegegemeinschaft,
3. Hinwirkung auf die Erfüllung der Abschusspläne und eine den wildbiologischen Erfordernissen entsprechende Hege und Bejagung des Schwarzwildes unter Beachtung der landwirtschaftlichen Belange,
4. Sicherung an den Lebensraum angepasster Wildbestände,
5. Prüfung von Totfanggeräten,
6. Erarbeitung von Fütterungskonzepten für amtlich festgestellte Notzeiten,
7. Hinwirken auf die Durchführung revierübergreifender Jagden.

Jagdscheine (§§ 15 ff. BJagdG, §§ 15 ff. HJagdG)

Wer die Jagd ausüben möchte, benötigt einen Jagdschein. Allein der Jagdschein ermöglicht aber noch nicht die Jagdausübung. Daneben muss das Jagdausübungsrecht bestehen bzw. die Jagd durch einen Jagderlaubnisschein gestattet sein.

Arten von Jagdscheinen:

- **Jahresjagdschein** für ein bis maximal drei Jahre
- **Tagesjagdschein** für 14 aufeinanderfolgende Tage
- **Jugendjagdschein** für Personen, die das 16. Lebensjahr vollendet haben, aber noch nicht 18 Jahre alt sind (Jagdausübung nur mit jagdlich erfahrener Begleitperson, keine Teilnahme an Gesellschaftsjagden, kein Erwerb von Schusswaffen und Munition (§ 13 Abs. 7 WaffG) und keine Anrechnung auf die Pachtfähigkeit (§ 11 Abs. 5 BJagdG))
- **Falknerjagdschein** (Voraussetzung ist die Jägerprüfung ohne den Waffen- und Schießteil sowie eine Falknerprüfung)
- **Ausländerjagdschein** (Tages- oder Jahresjagdscheine)

Ausweisfunktion des Jagdscheins:

- öffentlich-rechtliche Urkunde, die ausweist, dass der Inhaber die Erlaubnis zum Jagen hat (was nicht heißt, dass er auch zivilrechtlich Jagdausübungsberechtigter ist) und
- Funktion eines Waffenscheins zum Führen einer Waffe im Revier und auf den Wegen dorthin und zurück (in Verbindung mit der Waffenbesitzkarte).

Voraussetzungen für die Erteilung des (ersten) Jagdscheins:

- Bestandene <u>Jägerprüfung</u> (§ 15 Abs. 5 BJagdG, §§ 4 ff. HJagdV; bei Ausländern muss die im Ausland abgelegte Prüfung mit der deutschen vergleichbar sein, § 15 Abs. 3 HJagdG)
- Keine <u>Versagungsgründe</u>

15

Jägerprüfung (§§ 4 ff. HJagdV):

Die Jägerprüfung deckt vier Sachgebiete ab (Wildbiologie, Jagdbetrieb, Waffen, Recht), beinhaltet eine jagdliche Schießprüfung und besteht aus einem schriftlichen sowie praktisch-mündlichen Teil. Die Zulassung zur Prüfung hängt u.a. von der Teilnahme an einem Vorbereitungslehrgang, Übungsschießen, einer Schulung zur Kundigen Person und dem Abschluss einer Jagdhaftpflichtversicherung ab. Die Prüfung wird vor einem Jägerprüfungsausschuss abgelegt, deren Anzahl, Sitz und Mitglieder von der oberen Jagdbehörde bestimmt werden. Die Prüfung ist bestanden, wenn jeder Prüfungsteil bestanden wurde. Jeder nicht bestandene Prüfungsteil kann innerhalb von zwei Jahren nach Ablauf des ersten Tages des ersten Prüfungsteils zwei Mal wiederholt werden. Unmittelbar von der Jägerprüfung auszuschließen sind Prüflinge, die Mängel bei der Handhabung von Waffen zeigen, insbesondere wenn sie geeignet sind, sich selbst oder andere Personen potentiell zu gefährden. Damit sind auch die bisher bestandenen Prüfungsteile als nicht bestanden zu erklären.

Zwingende Versagungsgründe:

- **Alter:** noch nicht **16 Jahre** oder älter (§ 17 Abs. 1 Nr. 1 BJagdG)
- Keine **Jagdhaftpflichtversicherung** (mindestens 500 000 Euro für Personenschäden und 50 000 Euro für Sachschäden bei einer Versicherung mit Sitz im EWR, nachzuweisen durch eine Versicherungsbescheinigung, § 17 Abs. 1 Nr. 4 BJagdG)
- **Entzug** des Jagdscheins und laufende **Sperre** (§ 17 Abs. 1 Nr. 3 i.V.m. §§ 18, 41 Abs. 2 BJagdG)
- Fehlende **(jagdrechtliche) Zuverlässigkeit** (s.u.) und **körperliche Eignung** (die z.B. bei einer stark eingeschränkten Sehfähigkeit fehlen kann)
- Fehlende **(waffenrechtliche) Zuverlässigkeit** und Eignung (§ 17 Abs. 1 Satz 2 BJagdG i.V.m. §§ 5 f. WaffG):
  - o Keine Zuverlässigkeit:
    - ▪ Rechtskräftige Verurteilung innerhalb der letzten 10 Jahre wegen eines Verbrechens (= Straftatbestand sieht mindestens 1 Jahr Freiheitsstrafe vor) oder we-

16

gen einer sonstigen Straftat (z.B. schweres Vergehen) mit einer Freiheitsstrafe von mindestens 1 Jahr oder
- missbräuchlicher, leichtfertiger, unvorsichtiger oder unsachgemäßer Umgang mit Waffen oder Munition oder Überlassung an unberechtigte Personen.

o Regelmäßig bereits dann keine Zuverlässigkeit:
- Rechtskräftige Verurteilung innerhalb der letzten 5 Jahre zu mindestens 60 Tagessätzen oder zweimal zu einer geringeren Strafe wegen einer vorsätzlichen Straftat, einer fahrlässigen Straftat im Zusammenhang mit Waffen, Munition oder Explosionsstoffen oder wegen einer fahrlässigen gemeingefährlichen Straftrat (z.b. Brandstiftung oder Gefährdung des Straßenverkehrs durch Trunkenheitsfahrt) oder wegen einer Straftat nach dem WaffG, BJagdG, Sprengstoffgesetz oder Kriegswaffenkontrollgesetz oder
- Mitgliedschaft in einem rechtskräftig verbotenen Verein oder einer verfassungswidrigen Partei innerhalb der letzten 10 Jahre,
- Tatsachen rechtfertigen die Annahme der Unterstützung von Bestrebungen gegen die verfassungsgemäße Ordnung etc. innerhalb der letzten 5 Jahre,
- mehr als einmal in den letzten 5 Jahren wegen Gewalttätigkeit auf richterliche Anordnung in Polizeigewahrsam.

o Keine persönliche **Eignung** bei Geschäftsunfähigkeit (in der Regel bereits bei einer starken Einschränkung), Drogenabhängigkeit, psychischer Erkrankung oder auf Grund in der Person liegender Umstände, dass diese nicht ordnungsgemäß mit Waffen und Munition umgehen kann, diese sorgfältig verwahren kann oder eine konkrete Gefahr der Fremd- oder Selbstgefährdung besteht.

Fakultative Versagungsgründe (§ 17 Abs. 2 BJagdG, die Behörde kann im Rahmen einer Ermessensentscheidung trotz Vorliegens eines Versagungsgrundes den Jagdschein erteilen):

- Alter: noch nicht 18 Jahre alt (Fehlen der altersgemäßen Reife),
- Ausländer oder Personen, die nicht mindestens 3 Jahre im Inland gewohnt haben (wegen der fehlenden Überprüfungsmöglichkeiten),
- schwere oder wiederholte Verstöße gegen die Weidgerechtigkeit.

Fehlende (**jagdrechtliche**) **Zuverlässigkeit** (§ 17 Abs. 3 BJagdG):

- Waffen oder Munition werden missbräuchlich oder leichtfertig verwendet,
- unsachgemäßer Umgang mit Waffen oder Munition (z.b. Abstellen einer geladenen Waffe in einer Pause bei einer Gesellschaftsjagd) oder Überlassung an unberechtigte Personen.

In der Regel fehlt bereits in den folgenden Fällen die Zuverlässigkeit (§ 17 Abs. 4 BJagdG):

- Rechtskräftige Verurteilung innerhalb der letzten 5 Jahre zu mindestens 60 Tagessätzen oder zweimal zu einer geringeren Strafe wegen eines Verbrechens, eines Vergehens im Zusammenhang mit § 17 Abs. 3 BJagdG (siehe zuvor), einer fahrlässigen Straftat im Zusammenhang mit dem Umgang mit Waffen, Munition oder Sprengstoff oder wegen einer Straftat gegen jagd-, tierschutz-, naturschutz-, waffen-, kriegswaffenkontroll- oder sprengstoffrechtlicher Vorschriften oder
- wiederholter oder gröblicher Verstoß gegen jagd-, tierschutz-, naturschutz-, waffen-, kriegswaffenkontroll- oder sprengstoffrechtlicher Vorschriften oder
- bei Geschäftsunfähigkeit oder starker Beschränkung der Geschäftsfähigkeit oder
- bei Drogensucht oder Geisteskrankheit oder Geistesschwäche.

Befugnisse der Jagdbehörde:

- **Begutachtung**: Bei Bedenken im Hinblick auf die körperliche Eignung, Drogensucht, Geisteskrankheit oder Geistesschwäche kann die Behörde die Vorlage eines amts- oder fachärztlichen Zeugnisses verlangen (§ 17 Abs. 6 BJagdG).

18

- **Einziehung** des Jagdscheins: Wenn Tatsachen, welche die Versagung des Jagdscheines begründen, erst nach Erteilung des Jagdscheines eintreten oder der Behörde, die den Jagdschein erteilt hat, bekanntwerden, so ist die Behörde im Falle zwingender Versagungsgründe und in den Fällen, in denen nur ein Jugendjagdschein hätte erteilt werden dürfen, sowie im Falle einer gerichtlichen Entziehung verpflichtet, in den Fällen fakultativer Versagungsgründe berechtigt, den Jagdschein für ungültig zu erklären und einzuziehen. Die Jagdgebühren werden nicht erstattet und es kann eine **Sperrfrist** angeordnet werden für die Wiedererteilung des Jagdscheins (§ 18 BJagdG).

Jagdscheingebühren, Jagdabgabe (§ 16 HJagdG)

Für die Ausstellung des Jagdscheins werden in Hessen die folgenden **Verwaltungsgebühren** erhoben: Jahresjagdschein: 40,00 Euro; Dreijahresjagdschein: 95,00 Euro; Tagesjagdschein: 15,00 Euro und Jugendjagdschein: 18,00 Euro. Mit den Jagdscheingebühren wird eine **Jagdabgabe** in gleicher Höhe erhoben, die (abzüglich 15 % Verwaltungskosten) dem Landeshaushalt zufließt und nach Anhörung der Landesjägervereinigungen zur Förderung des Jagdwesens verwendet wird (Förderung der Wildforschung, Naturschutz, Landschaftspflege, Tierschutz, Berufsjäger, Weiterbildung, Brauchtumspflege, Hegegemeinschaften etc.). In Hessen erbringt die Jagdabgabe jährlich etwa 750 000 Euro.

Versicherungen des Jägers

- **Jagdhaftpflichtversicherung**:
Mindestversicherungssummen (500 000 Euro für Personenschäden und 50 000 Euro für Sachschäden) in der Praxis häufig nicht ausreichend. Wichtige Klauseln:
  o „Erlaubter Besitz und Gebrauch von Waffen" auch außerhalb der Jagd (z.B. Unfälle bei der Reinigung der Waffe)?
  o Mitversicherung von Jagdhunden? – nur bei Erfüllung bestimmter Prüfungsvoraussetzungen?
  o Verzicht auf den Haftungseinwand beim Jagdunfall mit der Waffe (z.B. durch Querschläger)

o Produkthaftungsversicherung für das Wildbret (was nicht allein vom Begriff der „erlaubten Jagdausübung" gedeckt ist!)?

o Forderungsausfalldeckung

o Schäden an geliehenen Sachen

o Auslandsjagden

o Selbstbehalte

- **Jagdunfallversicherung**: freiwillige Versicherung für im Zusammenhang mit der Jagd erlittene Schäden (z.b. Zeckenbisse und deren Folgen)

- Davon zu unterscheiden ist die **gesetzliche Unfallversicherung** bei der **landwirtschaftlichen Berufsgenossenschaft** der Sozialversicherung für Landwirtschaft, Forsten und Gartenbau (www.svlfg.de), die eine Pflichtversicherung kraft Gesetzes auch für Eigenjagden und gepachtete Jagden ist. Versichert (u.a. Wegeunfälle, Berufskrankheiten, mit Rehabilitations- und Geld-/Rentenleistungen) sind der Revierinhaber, Ehegatte und Arbeitnehmer oder wie diese tätige Personen (z.b. Bau eines Hochsitzes), regelmäßig aber nicht Jagdgäste.

Jagdscheinfreie Tätigkeiten im Revier

Sammeln von Abwurfstangen mit schriftlicher Erlaubnis des Jagdausübungsberechtigten (§ 15 Abs. 1 Satz 2 BJagdG), Fallenkontrolle mit absolviertem Fangjagdlehrgang, Treiberdienste, Wildfütterung, Bau von Jagdeinrichtungen, Tierbeobachtung, wissenschaftliche Wildforschung (u.a. Tiere mit Sendern versehen), Naturschutztätigkeiten etc.

1.4 Jagdbeschränkungen

Rechtliche Hintergründe zur Jagdausübung

Jagdarten (§ 18 Abs. 1 und 2 HJagdG)

Die Jagd wird als **Einzeljagd** oder als Gesellschaftsjagd ausgeübt. **Gesellschaftsjagden** sind Formen gemeinschaftlichen Jagens, die von mindestens 4 Jagdscheininhabern ausgeübt werden und bei denen die Jagdausübung aufeinander abgestimmt ist und in einem räumlichen Zusammenhang steht.

Jägernotweg (§ 20 HJagdG)

Kann ein Jagdausübender seinen Jagdbezirk nicht auf einem zum allgemeinen Gebrauch bestimmten Weg oder nur auf einem unzumutbaren Umweg erreichen, ist er zum Betreten eines fremden Jagdbezirks in Jagdausrüstung auch auf einem nicht zum allgemeinen Gebrauch bestimmten Weg befugt. Feld- und Waldwege dienen grundsätzlich noch dem allgemeinen Gebrauch, da die Jagdausübung unter die land- und forstwirtschaftliche Berechtigung fällt. Der Jägernotweg wird, falls erforderlich, von der Jagdbehörde festgelegt.

Der Jägernotweg darf nur von Jagdausübungsberechtigten, Jagdaufsehern und von Inhabern einer Jagderlaubnis benutzt werden; andere Personen müssen von Jagdausübungsberechtigten oder von Jagdaufsehern begleitet werden.

Bei Benutzung des Jägernotweges dürfen **Schusswaffen nur ungeladen im Futteral** getragen und **Hunde nur an der Leine** mitgeführt werden.

Grundstückseigentümer, über deren Grundstücke der Jägernotweg führt, können eine angemessene Entschädigung verlangen. Sie wird auf Antrag der Beteiligten von der Jagdbehörde festgesetzt.

Errichtung von Jagdeinrichtungen (§ 22 HJagdG, § 55 i.V.m. Anlage 2 HBO)

- Jagdeinrichtungen sind z.B. Jagdhütten, Ansitze, Wildfütterungen.

- Sie dürfen auf land- und forstwirtschaftlich genutzten Grundstücken gebaut werden. Die **Einwilligung des Eigentümers** ist erforderlich. Er ist zur Einwilligung verpflichtet, wenn ihm die Duldung zugemutet werden kann und er eine angemessene Entschädigung erhält, die auf Antrag die Jagdbehörde festsetzt.
- Nach **Beendigung des Pachtverhältnisses** sind die Einrichtungen innerhalb von **6 Monaten** zu entfernen, wenn der Nachfolger diese nicht übernimmt.
- **Baugenehmigungsfrei**: Hochsitze mit einer Grundfläche bis 4 m², Wildfütterungsstände, Schutz-, Geräte- und Vorratshütten für Forst und Jagd.
- **Betretungsverbot**: Jagdbetriebliche Einrichtungen sind vom allgemeinen Betretungsrecht des Waldes ausgenommen (§ 16 Abs. 1 Satz 1 Nr. 3 HWaldG). In diesem dadurch nicht-öffentlichen Raum dürfen mit Hinweisschildern Wildkameras aufgestellt werden.

Beschränkungen

Sachliche Verbote (§ 19 BJagdG, § 23 HJagdG)

Verboten ist:

1. mit Schrot auf Schalenwild und Seehunde zu schießen und mit Vorderladerwaffen, Bolzen, Pfeilen, Posten oder gehacktem Blei auf Wild und mit Bleischrot auf Wasserwild über Gewässern zu schießen (d.h. kein Verbot von Flintenlaufgeschossen);
2. auf Rehwild und Seehunde mit Büchsenpatronen zu schießen, deren Auftreffenergie auf 100 m (E 100) weniger als 1 000 Joule beträgt (zulässig kann .222 Remington sein);
3. auf alles übrige Schalenwild mit Büchsenpatronen unter einem Kaliber von 6,5 mm zu schießen; im Kaliber 6,5 mm und darüber müssen die Büchsenpatronen eine Auftreffenergie auf 100 m (E 100) von mindestens 2 000 Joule haben (also nicht 9,3 x 72 R als sogenannte „Försterpatrone");
4. mit halbautomatischen Langwaffen, die mit insgesamt mehr als drei Patronen geladen sind, sowie mit automatischen Waffen auf Wild zu schießen;

22

5. auf Wild mit Pistolen oder Revolvern zu schießen, ausgenommen im Falle der Bau- und Fallenjagd sowie zur Abgabe von Fangschüssen, wenn die Mündungsenergie der Geschosse mindestens 200 Joule beträgt, bei der Fangjagd darf sie auch weniger als 200 Joule betragen;

6. die Lappjagd innerhalb einer Zone von 300 Metern von der Bezirksgrenze, die Jagd durch Abklingeln der Felder und die Treibjagd bei Mondschein auszuüben;

7. Schalenwild, ausgenommen Schwarzwild, sowie Federwild zur **Nachtzeit** zu erlegen; als Nachtzeit gilt die Zeit von eineinhalb Stunden nach Sonnenuntergang bis eineinhalb Stunden vor Sonnenaufgang; das Verbot umfasst nicht die Jagd auf Möwen, Waldschnepfen, Auer-, Birk- und Rackelwild; Rotwild darf zur Erfüllung des Abschussplans außerhalb von Rotwildgebieten und in Rotwildgebieten außerhalb des Waldes zur Nachtzeit erlegt werden;

8. künstliche Lichtquellen, Spiegel, Vorrichtungen zum Anstrahlen oder Beleuchten des Zieles, Nachtzielgeräte, die einen Bildwandler oder eine elektronische Verstärkung besitzen und für Schusswaffen bestimmt sind, Tonbandgeräte oder elektrische Schläge erteilende Geräte beim Fang oder Erlegen von Wild aller Art (d.h. z.B. nicht wildernde Hauskatzen) zu verwenden oder zu nutzen sowie zur Nachtzeit an Leuchttürmen oder Leuchtfeuern Federwild zu fangen (das Verbot umfasst nur Nachtzielgeräte, aber nicht Nachtsichtgeräte, die lediglich zum Ansprechen und Beobachten benutzt werden können; erlaubt sind auch beleuchtete Absehen im Zielfernrohr oder Laserentfernungsmesser, nicht dagegen Laserpointer zum Anstrahlen des Ziels);

9. Vogelleim, Fallen, Angelhaken, Netze, Reusen oder ähnliche Einrichtungen sowie geblendete oder verstümmelte Vögel beim Fang oder Erlegen von Federwild zu verwenden;

10. Belohnungen für den Abschuss oder den Fang von Federwild auszusetzen, zu geben oder zu empfangen;

11. Saufänge, Fang- oder Fallgruben ohne Genehmigung der zuständigen Behörde anzulegen;

12. Schlingen jeder Art, in denen sich Wild fangen kann, herzustellen, feilzubieten, zu erwerben oder aufzustellen;

13. Fanggeräte, die nicht unversehrt fangen oder nicht sofort töten, sowie Selbstschussgeräte zu verwenden;

14. in Notzeiten Schalenwild in einem Umkreis von 200 Metern von Fütterungen zu erlegen, es sei denn, dies ist zur Erfüllung des Abschussplans oder der Bejagung des Schwarzwilds erforderlich;
15. Wild aus Luftfahrzeugen, Kraftfahrzeugen oder maschinengetriebenen Wasserfahrzeugen zu erlegen (die Waffe darf aber auf dem Dach des stehenden Autos aufgelegt werden); das Verbot umfasst nicht das Erlegen von Wild aus Kraftfahrzeugen durch Körperbehinderte mit Erlaubnis der zuständigen Behörde;
16. die Netzjagd auf Seehunde auszuüben;
17. die Hetzjagd auf Wild auszuüben;
18. die Such- und Treibjagd auf Waldschnepfen im Frühjahr auszuüben;
19. Wild zu vergiften oder vergiftete oder betäubende Köder zu verwenden;
20. die Brackenjagd auf einer Fläche von weniger als 1 000 ha auszuüben (unter Brackenjagd ist nicht jede Jagd mit Bracken zu verstehen; vielmehr wird bei dieser Jagdart die natürliche Eigenschaft, insbesondere von Hasen und Füchsen, ausgenutzt, wonach das Wild nach einiger Zeit an seinen ursprünglichen Ausgangsort zurückkehrt und dort erlegt werden kann);
21. Abwurfstangen ohne schriftliche Erlaubnis des Jagdausübungsberechtigten zu sammeln;
22. eingefangenes oder aufgezogenes Wild vor Ablauf von 6 Monaten nach der Aussetzung zu bejagen (das Aussetzen von Schwarzwild und Kaninchen ist verboten, ansonsten bedarf es einer Genehmigung, allerdings nicht für Fasanen, Rebhühner und Stockenten zur Ausbildung von Jagdhunden);
23. das Anlocken von Wild mit synthetisch hergestellten Stoffen mit Ausnahme von Buchenholzteer (Ausnahmen zur Seuchenbekämpfung kann die oberste Jagdbehörde gestatten);
24. Hunde und Katzen in einem Jagdbezirk unbeaufsichtigt laufen zu lassen;
25. die Jagd im Umkreis von 300 m der Brückenköpfe von Grünbrücken auszuüben (erlaubt ist die Ausübung der Nachsuche);
26. das Stören des Wildes durch unberechtigtes Verlassen befestigter Wege zur Nachtzeit.

Zeitliche und örtliche Verbote der Jagdausübung

- Verbot der Jagdausübung an Orten, an denen die Jagd nach den Umständen des Einzelfalls die öffentliche Ruhe, Ordnung oder Sicherheit stören oder das Leben von Menschen gefährden könnte (§ 20 Abs. 1 BJagdG).
- Der Abschuss von Wild, dessen Bestand bedroht erscheint, kann verboten werden (§ 21 Abs. 3 BJagdG).
- Gesellschaftsjagden sind an Sonn- und Feiertagen so durchzuführen, dass Gottesdienste und feierliche Veranstaltungen nicht gestört werden. In Rotwildgebieten sind Gesellschaftsjagden in der Zeit vom 1. Januar bis 31. März so durchzuführen, dass dabei dem Ruhebedürfnis des Rotwilds Rechnung getragen wird (§ 18 Abs. 3 und 4 HJagdG).

Wald- und Feldschutz (§ 21 Abs. 1 Satz 1 BJagdG, § 21 HJagdG)

Die Jagd ist so auszuüben, dass sich die im Wald vorkommenden wesentlichen Baumarten entsprechend den natürlichen Wuchs- und Mischungsverhältnissen des Standortes verjüngen und sich in der Feldflur landwirtschaftliche Kulturen entwickeln können. Übermäßige **Verbiss- und Schälschäden** sowie **Wildschäden** in der Landwirtschaft sollen vermieden werden.

Verbot der Beunruhigung von Wild (§ 19a BJagdG, § 23 Abs. 5 HJagdG)

Verboten ist, Wild, insbesondere soweit es in seinem Bestand gefährdet oder bedroht ist, unbefugt an seinen Zuflucht-, Nist-, Brut- oder Wohnstätten durch Aufsuchen, Fotografieren, Filmen oder ähnliche Handlungen zu stören, es sei denn die Jagdbehörde gestattet dies zur wissenschaftlichen Kennzeichnung mit Zustimmung des Jagdausübungsberechtigten und im Falle von geschützten Tierarten im Einvernehmen mit der Naturschutzbehörde.

Die **mutwillige Störung der Jagdausübung** (z.B. durch Demonstrationen anlässlich einer Gesellschaftsjagd, Ansägen von Ansitzeinrichtungen u.s.w.) ist nach § 18 Abs. 3 Satz 1 HJagdG verboten und stellt eine Ordnungswidrigkeit dar (§ 42 Abs. 1 Nr. 7 HJagdG).

Wildruhezone und Wildschutzgebiet (§ 24 f. HJagdG)

	Wildruhezone (§ 24 HJagdG)	Wildschutzgebiet (§ 25 HJagdG)
Gründe	durch Störung des Wildes können übermäßige Schäden entstehen	Wildforschung, Wildartenschutz, Wildhege
Einrichtung	durch Anordnung der Jagdbehörde	durch Anordnung des für Jagd zuständigen Ministers
Bekanntmachung	Die Erklärung ist ortsüblich bekannt zu machen und die Außengrenzen der Wildruhezone durch Markierungen im Gelände kenntlich zu machen.	Die Erklärung ist im Staatsanzeiger bekannt zu machen.
Mögliche Folgen	- Wildruhezonen dürfen nur auf befestigten Wegen und Straßen betreten werden. Das Betretungsrecht von Nutzungsberechtigten bleibt davon unberührt. - Die Jagdausübung kann eingeschränkt werden (z.B. Jagdintervalle). - An Grünbrücken ist die Fläche im Umkreis von 300 m der Brückenköpfe Wildruhezone.	- Die Jagdausübung kann eingeschränkt oder das Ruhen der Jagd angeordnet werden. - Es kann vorgeschrieben werden, dass während der Fortpflanzungs-, Setz- und Brutzeit oder während des Durchzugs oder Überwinterung von Federwild Flächen nur auf öffentlichen Wegen betreten werden dürfen. - Ferner kann durch besondere Regelungen, die Umsetzung von Artenhilfsprogrammen gefördert werden. - Inhaber des Jagdrechts oder Nutzungsberechtigte haben Anspruch auf Entschädigung, wenn die Erklärung gegen ihren Willen erfolgt.

Wildschutzgebiete in Hessen: Gatter Reinhardswald, Kranichstein

Fangjagd (§ 19 Abs. 1 Nr. 9 BJagdG, § 19 HJagdG, §§ 37 ff. HJagdV)

Grundsatz: Fanggeräte haben Wild unversehrt lebend zu fangen oder sofort zu töten. Gefahren für andere Tiere und Menschen sind gering zu halten.

Totfanggeräte		Lebendfanggeräte (Kasten-/Röhrenfallen)			
Bügel-weite (cm)	Mindest-klemm-kräfte (Newton)	Tierart	Länge (cm)	Breite, Höhe (cm)	Durch-messer (cm)
37	150	Dachs, Fuchs, Mar-	130	25	25
46	175	derhund, Nutria,			
56	200	Waschbär			
60	200	Mink, Steinmarder,	100	15	15
70	300	Wildkaninchen			

Totfanggeräte: Verwendet werden dürfen nur Bügelfangeisen mit zwei Halbrundbügeln und ein oder zwei Spannfedern (Schwanenhälse, Eiabzugeisen), die über einen Köderabzug ausgelöst werden, in Fangbunkern aufgestellt werden mit Eingriffssicherung und Selbstauslösung bei Öffnen des Bunkers, gekennzeichnet sind (Eigentümer) und die obigen Klemmkräfte erreichen. Totfanggeräte sind der Jagdbehörde anzuzeigen und vom Beauftragten der Hegegemeinschaft vor der Fangsaison zu prüfen. Verboten sind Knüppel-, Prügel-, Rasenfallen, Marderschlagbäume, Scherenfallen, Drahtbügelschlagfallen (z.B. nach Conibear-Bauart) und Totschlagfallen, die durch Tritt, Druck oder Berührung ausgelöst werden.

Lebendfanggeräte: Erlaubt sind nur Kasten- und Röhrenfallen mit den obigen Mindestmaßen, bei denen den gefangenen Tieren die Sicht nach außen verwehrt wird. Wieselwippbrettfallen sind verboten.

Totfanggeräte und beköderten Lebendfanggeräte sind zu verbergen (Köder nicht sichtbar) und zweimal täglich zu kontrollieren, davon einmal innerhalb von zwei Stunden nach Sonnenaufgang. Bei elektronischen Fangmeldern genügt dieser eine Kontrollgang. Lebend gefangenes Wild ist mit der Schusswaffe zu töten. Die Jagd mit Fanggeräten darf grundsätzlich nur ausgeübt werden von Personen, die an einem anerkannten Ausbildungslehrgang für die Fangjagd teilgenommen haben.

Grundsätze der Abschussregelung (§ 21 BJagdG, § 26 HJagdG)

Grundsätzlich ist der Abschuss des Wildes so zu regeln, dass die berechtigten Ansprüche der Land-, Forst- und Fischereiwirtschaft gewahrt bleiben, sowie die Belange von Naturschutz und Landschaftspflege berücksichtigt werden. Innerhalb dieser Grenzen soll der Abschuss dazu beitragen, dass ein gesunder, artenreicher, ausgewogener und den Möglichkeiten und Grenzen des Naturraums angepasster Wildbestand erhalten bleibt.

Der **Abschussplan** für jeden **Jagdbezirk** ist auf der Grundlage der Planungen der **Hegegemeinschaften** (Bewirtschaftungsgebiet) getrennt nach Wildart, Geschlecht und natürlichen Altersstufen als Mindestabschuss von der Jagdbehörde im Einvernehmen mit dem Jagdbeirat festzusetzen und zu erfüllen. In abgegrenzten Rot-, Dam- und Muffelwildgebieten bestimmt die obere Jagdbehörde eine federführende untere Jagdbehörde. Die Festsetzung stellt einen Verwaltungsakt dar. Bei der Planung zu berücksichtigen sind:

- die Abschussergebnisse der letzten 3 Jagdjahre (ohne zugelassene Planüberschreitungen),
- die forstlichen Gutachten über die Verbiss- und Schälschadensbelastung der Waldvegetation und
- die Lebensraumverhältnisse des Wildes.

Die **Tragfähigkeit des Schalenwildbestandes** lässt sich nicht nur den Verbiss- und Schälschadensgutachten der Forstverwaltungen entnehmen, sondern auch den Wildschäden im Feld und dem körperlichen Zustand des Wildes (sogenannte Weiser für den Wildbestand). Bei der Bestandsstruktur sind die Zuwachsraten, das Geschlechterverhältnis, der Altersklassenaufbau, das Sozialgefüge und saisonalen Änderungen zu berücksichtigen. Der Bestand kann erfasst werden durch Zählungen, Schätzungen oder Rückrechnungen. Letztlich hängt die Tragfähigkeit des Schalenwildes vom konkreten Lebensraum ab, der von verschiedenen Faktoren geprägt sein kann. Wichtig sind der konkrete Standort und die Gestaltung des Gebietes (Waldrandlänge, Baumartenmischung, Äsungs- und Deckungsflächen, Nahrungsangebot, Störungsquellen) unter Berücksichtigung der wirtschaftlichen Belange von Land- und Forstwirtschaft wie auch sonstiger wirtschaftlicher Faktoren und landeskulturelle Rahmenbedingungen.

Wildarten, für die ein Abschussplan zu erstellen ist: **Schalenwild (mit Ausnahme von Schwarzwild)** sowie – soweit Jagdzeiten vorgesehen sind – Auer-, Birk- und Rackelwild.

Die Planung erfolgt unter Beachtung der **Richtlinie für die Hege und Bejagung des Schalenwildes**, welches den Abschuss für jede Wildart nach Altersklassen unterteilt.

Planungszeitraum: Der Abschuss ist für Rot-, Dam- und Muffelwild für jedes Jagdjahr, für Rehwild innerhalb einer dreijährigen Planungsperiode für jedes Jagdjahr zu planen.

Besonderheiten:

- Die Jagdbehörde kann eine 30prozentige Überschreitung des Plans zulassen.
- Bei Rehwild kann der Abschussplan auf Antrag von Amts wegen für das zweite und dritte Jahr angepasst werden.
- Die Jagdbehörde erhält Abschussberichte, um ggf. eine Umverteilung des Abschusses zwischen den Jagdbezirken vornehmen zu können.
- Wechselt der Jagdausübungsberechtigte, entscheidet die Jagdbehörde, welcher Abschuss noch zu erfüllen ist.
- Außerhalb abgegrenzter Rot-, Dam- und Muffelwildgebieten gilt der Abschuss von je 2 Stück Schalenwild beiderlei Geschlechts (beim Rotwild keine Kronenhirsche, bei Damhirschen bis 4 und bei Muffelwidder bis 3 Jahren) als festgesetzt.
- Bei Dam- und Muffelwildpopulationen, die bereits vor dem Jahr 2000 außerhalb abgegrenzter Gebiete vorkamen, legt die Jagdbehörde den jährlichen Abschussplan fest.
- Es kann in Hochwildgebieten eine gruppenweise Abschussfestsetzung erfolgen.
- Ein gemeinsamer Rehwildabschussplan auf Ebene der Hegegemeinschaft ist möglich.
- Zu Wildseuchen- und Wildschadensbekämpfung oder bei Störung des biologischen Gleichgewichts kann die oberste Jagdbehörde Schonzeiten aufheben oder Ausnahmen von den sachlichen Verboten zulassen.

Verfahren (§ 26a Abs. 2-5 HJagdG, Erlass des HMUKLV vom 23.12.2005, StAnz. 4/2006, S. 243)

Was	Wer	An wen	Bis
Vorschlag zum Abschuss-plan (§ 26a Abs. 2 HJagdG) für Rehwild Hochwild	Jagdausübungsberechtigter (im Einvernehmen mit den Jagdrechtsinhabern)	Hegegemeinschaft	15. 02. 01.04.
Forstliches Gutachten über Schäden durch Wildverbiss (§ 26a Abs. 3 HJagdG)	Forstverwaltungen der Waldbesitzer	Hegegemeinschaft	15.02. **
Forstliches Gutachten über Schälschäden (§ 26a Abs. 3 HJagdG)	Forstverwaltungen der Waldbesitzer	Hegegemeinschaft	01.04.
Erhebungsbögen zur Rot-wildaltersschätzung zur Bestandsrückrechnung	Jagdausübungsberechtigter	Sachkundiger	15.02.
Vorschlag zum Abschuss-plan (§ 26 a Abs. 5 HJagdG) für Rehwild Hochwild	Hegegemeinschaft	Zuständige untere Jagdbehörde	31.03.* 31.05.*
Auswertung der Rückrech-nungsdaten	Nordwestdeutsche Forstliche Versuchsanstalt	Hegegemeinschaft (über die OJB)	01.04.

* Diese Termine können durch die untere Jagdbehörde im Benehmen mit der Hegegemeinschaft geändert werden.
** des Jahres, in dem der dreijährige Planungszeitraum für Rehwild beginnt

Abschussmeldung und –kontrolle (§ 26 Abs. 3, 5 HJagdG)

Eine **Abschussliste** für Schalenwild, die auch verunfalltes Wild und Fall-wild enthält, muss geführt und der Jagdbehörde auf Verlangen, spätestens aber zum Ende des Jagdjahres vorgelegt werden. Die Jagdbehörde kann für die Überprüfung der Richtigkeit den körperlichen Nachweis verlangen. Die oberste Jagdbehörde kann im Interesse jagdwirtschaftlicher und jagdwissen-schaftlicher Erhebung das Führen und Vorlegen von **Streckenliste** (über alle Wildarten) verlangen.

Wildfolge (§ 22a BJagdG, § 27 HJagdG)

Grundsatz: Krankgeschossenes, durch Verkehrsunfall oder andere Weise verletztes Wild ist unverzüglich **nachzusuchen** und zu **erlegen**.

30

Krankes Wild: Verletztes oder erkranktes Wild, das **unabhängig von der Jagdzeit erlegt** wurde, um es vor Schmerzen oder Leiden zu bewahren oder um die Ausbreitung von **Seuchen zu verhindern**, ist von den Jagdausübungsberechtigten der Jagdbehörde innerhalb von 24 Stunden zu melden und auf Verlangen zur Untersuchung vorzulegen. Erlegtes Wild, für das ein Abschussplan besteht, ist auf den Plan anzurechnen.

Wildfolge:

- **Gesetzliche Wildfolge**:
    o Wechselt krankes Wild in einen benachbarten Jagdbezirk und
        ▪ bleibt **in Sicht- und Schussweite**, ist es sofort zu erlegen und der Jagdausübungsberechtigte des Nachbarjagdbezirks darüber zu informieren;
        ▪ bleibt **nicht in Sicht- und Schussweite**, so ist der Anschuss und die Stelle des Überwechselns zu markieren und der Jagdausübungsberechtigte des Nachbarjagdbezirks darüber zu informieren, der die Nachsuche zu veranlassen und zu organisieren hat.
    o Krankgeschossenes Schalenwild ist dem **Abschlussplan** des Jagdbezirks zuzurechnen, in dem es nachweislich krankgeschossen wurde.
    o Wildfolge ist in den **Gebieten** zulässig, **in denen die Jagd ruht** oder nur eine beschränkte Jagdausübung gestattet ist. Bei eingefriedeten Grundflächen, Gebäuden, Hofräumen und Kleingartenanlagen ist eine Wildfolge nur mit Zustimmung des Eigentümers oder Nutzungsberechtigten möglich, dessen Aneignungsrecht bestehen bleibt.
    o Von der Jagdbehörde auf Vorschlag der Hegegemeinschaft anerkannte **Schweißhundeführer** dürfen innerhalb des Gebiets der Hegegemeinschaft bei der Nachsuche von Schalenwild die Grenze von Jagdbezirken überschreiten und von der oberen Jagdbehörde anerkannte **Schweißhundegespanne** (mit Anerkennungsschreiben, öffentliche Liste) dürfen sogar Grenzen der Hegegemeinschaften überschreiten. Dies kann jeweils mit einer Begleitperson unter Mitführung der Schusswaffe ohne

vorherige Benachrichtigung der betroffenen Jagdausübungsberechtigten erfolgen. Kommt das Stück Wild dabei zur Strecke, ist es zu versorgen. Das Fortschaffen ist unzulässig. Voraussetzungen (**Bestimmungen über das Nachsuchewesen in Hessen**): Jahresjagdschein, Hund mit mindestens BPO-Schweiß- oder Fährtenschuhprüfung (Schweißhundeführer) bzw. Hauptprüfung oder alternative Prüfung (Gespann mit Führer).

o Das Aneignungsrecht des Jagdausübungsberechtigten, in dessen Revier das Wild zum Erliegen kommt, bleibt bestehen (streitig im Hinblick auf die Trophäen und das Jägerrecht).

- **Vertragliche Wildfolgevereinbarung**:
  o **Schriftform** erforderlich
  o Inhaltlich kann folgendes vereinbart werden:
    ▪ **Zulässigkeit** der Nachsuche im Nachbarjagdbezirk,
    ▪ **Benachrichtigung** des Jagdausübungsberechtigten,
    ▪ Voraussetzungen, unter denen **Wild versorgt** und fortgeschafft werden kann,
    ▪ **Aneignung** des Wildbrets und der Trophäen.

Verwendung brauchbarer Jagdhunde (§ 28 HJagdG)

Bei der **Such-, Drück- und Treibjagd**, bei jeder Jagdart auf **Wasserwild** sowie bei jeder **Nachsuche** sind jeweils brauchbare Jagdhunde zu verwenden (§ 28 Abs. 1 HJagdG). Die Jagdbehörde kann Jagdausübungsberechtigte **zur Haltung** eines zur **Nachsuche** brauchbaren Jagdhundes **verpflichten**, sofern sie nicht nachweisen, dass ihnen brauchbare Jagdhunde anderer Hundehalter regelmäßig zur Verfügung stehen (§ 28 Abs. 2 HJagdG). Nach der **Brauchbarkeitsprüfungsordnung (BPO-Hessen)** gelten Jagdhunde für den jeweiligen Einsatzbereich des erfolgreich absolvierten Prüfungsteils der BPO-Hessen als **brauchbar**. Als Nachweis der Brauchbarkeit für die **Nachsuche** (§ 28 Abs. 2 HJagdG) gelten Jagdhunde, die mindestens den **Prüfungsteil der Brauchbarkeit für die Nachsuche auf Schalenwild** erfolgreich abgelegt haben. Die Brauchbarkeit kann auch durch andere erfolgreich abgelegte, **gleichgestellte Prüfungen** nachgewiesen werden.

1.5 Jagd- und Wildschutz

Der **Jagdschutz** ist Bestandteil der Hege (§ 1 Abs. 1 BJagdG) und umfasst (nach § 23 BJagdG und § 29 HJagdG):

- den **Schutz des Wildes** insbesondere vor Wilderern, Futternot, Wildseuchen (Anzeigepflicht des Jagdausübungsberechtigten nach § 24 BJagdG), vor wildernden Hunden und Katzen,
- die **Sorge für die Einhaltung der** zum Schutz des Wildes und der Jagd erlassenen **Vorschriften**,
- den **Schutz bestandsbedrohter Wildarten** und
- den **Schutz jagdlicher Einrichtungen**.

Abschuss wildernder Hunde und Katzen (§ 32 Abs. 1 Nr. 2, Abs. 2 HJagdG)

Jagende Hunde und Katzen können eine erhebliche Gefahr für das Schalenwild, Bodenbrüter u.s.w. darstellen. Jagdausübungsberechtigte, bestätigte Jagdaufseher und mit schriftlicher Erlaubnis des Jagdausübungsberechtigten auch Jagdgäste, dürfen jagende Hunde und Katzen im Jagdbezirk töten, wenn

- **Hunde** außerhalb der Einwirkung von Begleitpersonen Wild nachstellen (jagen Hunde innerhalb des Einwirkungsbereichs von Begleitpersonen, ist demnach eine Tötung nicht gestattet, allerdings könnte dies den Straftatbestand der Wilderei erfüllen),
- es sich bei den Hunden **nicht** um **Hirten-, Jagd-, Blinden-, Polizei- und Rettungshunde** handelt,
- **Katzen** in einer Entfernung von mehr als 500 m (1. März bis 31. August mehr als 300 m) von der nächsten Ansiedlung jagend angetroffen werden,
- andere Maßnahmen zur Gefahrenabwehr nicht möglich sind.

Liegen die Voraussetzung für eine Tötung nicht vor, können **Schadenersatzansprüche** geltend gemacht werden. Der Jagdausübungsberechtigte kann allerdings auch gegen den Tierhalter Schadenersatzansprüche haben wegen Eingriffs in das Jagdausübungsrecht (§ 823 Abs. 2 BGB i.V.m. § 23

33

Abs. 8 HJagdG). Hunde und Katzen, die sich in Fanggeräten gefangen haben, sind als Fundtiere zu behandeln.

Wilderei und Diebstahl (§ 292 StGB bzw. § 242 StGB)

Der Wilderer eignet sich Wild als herrenlose Sache an und verletzt dabei fremdes Jagdrecht (z.b. wenn ein vom Auto angefahrener Hase mitgenommen wird). Ein besonders schwerer Fall liegt vor, wenn die Tat z.b. gewohnheitsmäßig, zur Nachtzeit (Abend- bis Morgendämmerung) oder Schonzeit begangen wird. Ein Verstoß gegen die Befriedung eines Grundstücks aus ethischen Gründen innerhalb eines Jagdbezirks durch den Jagdausübungsberechtigten stellt übrigens keine Wilderei dar. Der Dieb eignet sich etwas an, was einem anderen gehört (z.b. ein bereits erlegtes Stück Wild).

Sachbeschädigung (§ 303 StGB)

Werden Jagdeinrichtungen zerstört oder beschädigt, handelt es sich um eine strafbare Handlung, die auf Antrag hin verfolgt wird.

Störungen im Revier, die Jagdschutzmaßnahmen erfordern können, z.B. durch unbefugte Benutzung von Jagdeinrichtungen, Beunruhigung von Wild, wildes Zelten, Feiern oder Feuerstellen.

Notwehr ist die Verteidigung (d.h. Handlung mit Verteidigungswillen), die erforderlich (d.h. unter Anwendung des relativ mildesten Mittels zur Abwendung der Gefahr geeignet) und geboten (d.h. nicht missbräuchlich) ist, um einen gegenwärtigen (d.h. unmittelbar bevorstehenden, gerade stattfindenden oder noch andauernden) rechtswidrigen Angriff von sich oder einem anderen (dann **Nothilfe**) abzuwenden. Es liegt dann keine rechtswidrige Tat vor. Als Ultima Ratio kann auch der Einsatz einer Schusswaffe zulässig sein, der anzudrohen ist, wenn es die Situation zulässt. Ein Überschreiten der Grenzen der Notwehr aus Verwirrung, Furcht oder Schrecken ist nicht strafbar. Strafrechtlich streitig ist die irrige Annahme einer Notwehrlage (Putativnotwehr). Auch eine sonstige Abwehr von Gefahren für Leib, Leben und andere Rechtsgüter kann gerechtfertigt sein, wenn das geschützte Rechtsgut überwiegt und die Handlung angemessen ist (rechtfertigender

Notstand, z.B. Angriff eines Hundes) bzw. entschuldigt sein (§§ 32 ff. StGB, §§ 227 f., 904 BGB).

Jagdschutzberechtigte (§ 25 BJagdG, §§ 31, 32 Abs. 1 Nr. 1 HJagdG)

Jagdschutzbe-rechtigter	Befugnisse	
Jagdgast	vorläufige Festnahme zur Feststellung von Personalien bei Straftatbeständen („Jedermannsrecht" nach § 127 StPO) und mit schriftlicher Erlaubnis: Abschuss wildernder Hunde und Katzen	Zunehmende Befugnisse
Schriftlich bestellter Jagdaufseher (voll-jährig, Jagdschein)	unaufschiebbare Maßnahmen zur Ver-sorgung von krankem, verletzten oder verendetem Wild	
Jagdausübungsbe-rechtigter	Jagende Personen oder zur Jagd ausge-rüstete Personen anhalten (z.B. Weg versperren), ihnen gefangenes und erleg-tes Wild, Abwurfstangen, Eier und Waf-fen, zur Jagd taugliche Geräte oder zur Jagd abgerichtete oder geeignete Tiere abnehmen und ihre Personalien fest-stellen (keine körperliche Untersuchung, Durchsuchung, kein Einsatz von körperli-cher Gewalt oder Waffen).	
Von der Jagdbehörde auf Antrag bestätigter Jagdauf-seher unter der Dienstaufsicht der Jagdbehörde (Ein-trag im Jagdschein) • mit Jagdauf-seherprüfung		
• als Berufsjäger oder mit abge-schlossener Ausbildung des gehobenen oder höheren Forst-dienstes örtlich zuständige Polizei- und Forst-beamte	Innerhalb des Dienstbezirks in Angele-genheiten des Jagdschutzes die Rechte und Pflichten der Polizeibeamten und Ermittlungsperson der Staatsanwaltschaft (z.B. körperliche Untersuchung, Durch-suchung des Fahrzeugs; verhältnismäßi-ger Einsatz von körperlicher Gewalt oder Waffen (§ 63 Abs. 2 Nr. 2 HSOG, § 25 Abs. 2 BJagdG); Ermittlungszwang bei Anfangsverdacht oder Verdunkelungsge-fahr nach § 163 StPO).	

Für aneinandergrenzende Jagdbezirke können **gemeinsame** bestätigte **Jagdaufseher** bestellt werden. Die Jagdbehörde kann die Bestellung von

Berufsjägern oder geprüften Jagdaufsehern verlangen, falls dies für den Jagdausübungsberechtigten zumutbar und zum Jagdschutz notwendig ist.

Wildfütterung (§ 30 HJagdG, §§ 44 ff. HJagdV)

Grundsatz: Der Lebensraum von Wild ist so zu erhalten und zu verbessern, dass künstlich eingebrachte Futtermittel nicht notwendig sind. **Die Fütterung von Schalenwild ist verboten.** Verdorbene oder unzulässige Futtermittel hat der Jagdausübungsberechtigte unverzüglich zu beseitigen. Die Wildfütterung in gesetzlich geschützten **Biotopen** ist verboten. Es ist verboten, Wild **Arzneimittel** zu verabreichen. Die Jagdbehörde kann im Einvernehmen mit der Veterinärbehörde Ausnahmen zulassen, wenn es zur Bekämpfung von Wildkrankheiten und Wildseuchen erforderlich ist.

Zulässige Wildfütterungen:

-   **Raufutter für wiederkäuendes Schalenwild** (d.h. Heu und reine Grassilage in der natürlichen Rohfaserzusammensetzung, d.h. nicht Pellets, Presslinge etc.).
-   Bei Feststellung der **Notzeit** durch die Jagdbehörde auf Antrag des Kreisjagdberaters im Einvernehmen mit der Veterinärbehörde. Eine Notzeit liegt vor, wenn zwischen dem aktuellen Nahrungsbedarf und dem natürlichen Äsungsangebot ein Defizit besteht. Nach §§ 46 und 48 HJagdV kann eine Notzeit vorliegen bei einer geschlossenen Schneedecke von mehr als 60 cm über einen Zeitraum von mehr als drei Wochen, bei einer geschlossenen Schneedecke von mehr als 30 cm mit starker Harschschneebildung oder Vereisung, wenn eine größere Fläche von Überschwemmungen oder Waldbränden betroffen ist oder bei wiederkäuendem Schalenwild bei Dürreperioden von mehr als acht Wochen, insbesondere in den Monaten Februar bis Mai, bzw. bei Schwarzwild bei Frostperioden mit Durchschnittstemperaturen von unter -10 Grad Celsius über einen Zeitraum von mehr als vier Wochen. In Jagdbezirken, in denen die Jagdbehörde die Notzeit festgestellt hat, ist die **Jagdausübung verboten**.
-   **Fütterung** in der Notzeit:
    -   o   Wiederkäuendes Schalenwild: Saftfutter ohne Kraftfutteranteile in Kombination mit Raufutter (Futterrüben und Mohrrü-

ben, aber keine Rübenschnitzel, Zuckerrüben, Pastinaken; Grassilagen, bis zu 30 Prozent gemischt mit Obsttrestersilagen; Früchte heimischer Waldbäume). Die Hegegemeinschaft entwickelt ein verpflichtendes Fütterungskonzept.

    o Schwarzwild: Die Jagdbehörde entscheidet im Einvernehmen mit der Veterinärbehörde über die auszubringenden, artgerechten Futtermittel (heimisches Getreide (insbesondere Hafer, Gerste, Weizen, Roggen, Triticale, Dinkel), Erbsen, Früchte heimischer Waldbäume). Diese Futtermittel sind so auszubringen, dass sie von anderem Schalenwild nicht aufgenommen werden können.

- **Kirrung**: Die Fütterung **zur Bejagung des Schwarzwildes mit heimischem Getreide, Mais und Erbsen** ist zulässig und der Jagdbehörde anzuzeigen. Die ausgebrachte Futtermenge ist auf höchstens einen Liter je Tag und Kirrstelle beschränkt. Je Jagdbezirk ist eine Kirrung, eine weitere je 100 ha angefangener Jagdfläche, in Rotwildgebieten je 250 ha angefangener Jagdfläche zulässig.

1.6 Wildschadensverhütung und Wild- und Jagdschaden, Verfahren des Wildschadenersatzes

Wildschaden ist Schaden, der durch Wild entsteht (z.b. Verbissschäden), **Jagdschaden** ist Schaden, der durch den Jäger und die missbräuchliche Jagdausübung entsteht.

Wildschadensverhütung (§§ 26 ff. BJagdG, § 23 Abs. 9 HJagdG)

Jagdausübungsberechtigte und Grundstückeigentümer dürfen zur Verhütung von Wildschäden das **Wild** von den Grundstücken **abhalten oder verscheuchen** (z.b. durch akustische Apparate, Vergrämen, Zaun). Durch derartige Maßnahmen darf der Jagdausübungsberechtigte das Grundstück nicht beschädigen und der Grundstückseigentümer das Wild weder gefährden noch verletzen. Auch sind eventuelle sonstige rechtliche Vorgaben zu beachten (z.b. bei baulichen Maßnahmen das Baurecht).

Bei extremen Wildschäden für die Land-, Forst- und Fischereiwirtschaft wie auch im Hinblick auf den Naturschutz und die Landschaftspflege kann die Jagdbehörde gegenüber dem Jagdausübungsberechtigten die **Reduzierung der Wildbestände** unabhängig von den Schonzeiten **anordnen**. Kommt der Jagdausübungsberechtigte der Anordnung nicht nach, kann die Jagdbehörde für dessen Rechnung den Wildbestand vermindern lassen.

Beschränkungen in der Hege von Wild: Schwarzwild und Wildkaninchen dürfen nicht ausgesetzt werden. Das Aussetzen von sonstigem Wild bedarf der Genehmigung der Jagdbehörde, die zu erteilen ist, wenn eine Gefährdung des lokalen Ökosystems und besonders geschützter Tiere und Biotopen ausgeschlossen ist. Keiner Genehmigung bedarf das Aussetzen von Fasanen, Rebhühner und Stockenten zur Ausbildung von Jagdhunden.

Schwarzwild darf nur in ausbruchsicheren Gattern gehegt werden. Dabei zu beachten sind die Ziele der Hege, d.h. die Erhaltung eines den landschaftlichen und landeskulturellen Verhältnissen angepassten und artenreichen und gesunden Wildbestandes. Nur wenn die Erreichung dieses Hegeziels es erfordert, kann Schwarzwild in Gattern gehegt werden.

Wildschadenersatz (§§ 29 ff. BJagdG, §§ 33 ff. HJagdG)

Wildarten, die ersatzpflichtigen Schaden verursachen können

Schalenwild, Wildkaninchen und **Fasanen** (folglich kann z.B. der Verbiss durch ein Reh ersatzpflichtig sein, der durch einen Hasen dagegen nicht). Grundsätzlich ersatzpflichtig können alle **Schäden** an einem Grundstück sein. Dabei kann es sich um den Bewuchs handeln (z.B. eine Wiese) oder die Frucht. Dazu gehören auch die getrennten, aber noch nicht eingeernteten Erzeugnisse eines Grundstücks, d.h. die Ernte erfolgte bereits, aber der Abtransport vom Feld noch nicht. Noch nicht eingeerntet sind z.b. gemähtes Gras, gerodete, aber noch nicht abtransportierte Kartoffeln oder Rüben. Bereits eingeerntet sind die Früchte allerdings in Rübenmieten oder Silagehaufen.

Ersatzberechtigte beim Wildschaden

Grundstückseigentümer oder Nutzungsberechtigter, wobei Grundstücke, auf denen die Jagd ruht oder nicht ausgeübt werden darf, ausgenommen sind.

Ersatzpflichtige beim Wildschaden

- **Beim gemeinschaftlichen Jagdbezirk**: grundsätzlich die Jagdgenossenschaft, es sei denn der Jagdpächter übernimmt den Wildschadensersatz ganz oder teilweise und der Geschädigte kann vom Pächter tatsächlich Ersatz erlangen (was z.b. im Falle einer Privatinsolvenz nicht der Fall wäre).
- **Bei Grundstücken, die einem Eigenjagdbezirk angegliedert sind**: grundsätzlich der Eigentümer oder Nutznießer, es sei denn der Jagdpächter übernimmt den Wildschadensersatz ganz oder teilweise und der Geschädigte kann vom Pächter tatsächlich Ersatz verlangen.
- **Bei sonstigen Grundstücken eines Eigenjagdbezirkes**: abhängig vom Rechtsverhältnis zwischen Geschädigtem und Jagdausübungsberechtigten; ist nichts anderes bestimmt, besteht eine Ersatzpflicht nur für den Schaden, der durch unzulänglichen Abschuss entstanden ist (schwer nachzuweisen).

- Im Falle von im **Wildgehege** gehegtem und von dort ausgetretenem Wild: die Person, der die Aufsicht über das Wildgehege obliegt.

Höhe des Wildschadenersatzes

Werden Bodenerzeugnisse, deren voller Wert sich erst zur Zeit der Ernte bemessen lässt, vor diesem Zeitpunkt durch Wild beschädigt, so ist der Wildschaden in dem Umfange zu ersetzen, wie er sich zur Zeit der Ernte darstellt (§ 31 Abs. 2 Satz 1 BJagdG). Eine Auswirkung auf die Schadensersatzhöhe kann auch haben, ob die Landwirte Produkte für den Eigenbedarf anbauen (z.b. Futtermittel, dann wären Einkaufspreise anzusetzen) oder zum Verkauf (dann gilt der Verkaufspreis zum Zeitpunkt der Ernte, nicht dagegen gegebenenfalls höherer Preis nach Lagerung zu einem späteren Zeitpunkt). Bei Schäden im Wald ist zu berücksichtigen, dass der Wert zum Erntezeitpunkt schwer zu schätzen sein kann. Anerkannt ist, dass mit Schäden durch Wild im Wald zu rechnen ist, was bei der Schadensberechnung zu berücksichtigen ist (siehe Erlass des HMUKLV vom 23.07.2008 zur Schälschadensaufnahme). Die Grundsätze zur Schadensregulierung können vertraglich konkretisiert werden.

Pflicht zur Schadensminderung

Bei der Feststellung der Schadenshöhe ist zu berücksichtigen, ob der Schaden nach den Grundsätzen einer ordentlichen Wirtschaft durch Wiederanbau im gleichen Wirtschaftsjahr ausgeglichen werden kann.

Ganz oder teilweiser Ausschluss des Wildschadenersatzanspruchs

- Anspruchsberechtigter macht Maßnahmen des Jagdausübungsberechtigten zur Abwehr von Wildschäden unwirksam (§ 32 Abs. 1 BJagdG).
- Mitverschulden des Anspruchsberechtigten durch eine unsachgemäße Bewirtschaftung (die Entscheidung, welche Frucht wo angebaut wird, dürfte noch nicht unsachgemäß sein, aber z.B. das längere Liegenlassen von abgeernteten Feldfrüchten oder das Unterpflügen von Rüben oder Kartoffeln).

40

- Unterbrechung des Kausalzusammenhangs (z.B. vernichtender Hagelschlag kurz nach Wildschaden).

Wildschadensregulierung an Sonderkulturen

Der Wildschaden an Sonderkulturen wird nicht ersetzt, wenn die üblichen Schutzvorrichtungen unterblieben sind, die unter gewöhnlichen Umständen zur Abwendung des Schadens ausreichen.

- **Sonderkulturen**: Weinberge, Gärten (z.b. auch Golfplätze), Obstgärten, Baumschulen, Alleen, einzelnstehende Bäume, Forstkulturen mit anderen als den im Jagdbezirk hauptsächlich vorkommenden Baumarten (z.b. Weihnachtsbaumkulturen), Freilandpflanzungen von Garten- oder hochwertigen Handelsgewächsen (d.h. Gewächse, die als Rohmaterial der industriellen Verarbeitung dienen, z.b. Farb-, Arznei- und Gewürzpflanzen wie Flachs, Hanf, Ölrettich, Tabak, Mohn und Hopfen).
- **Schutzvorrichtungen** (nach der Anlage zum Sammelerlass des HMUKLV zum HJagdG): Einzelschutz oder Drahtgeflecht (oder anderer Zaun mit gleicher Schutzwirkung), bei Schwarzwild am Boden befestigt, bei Wildkaninchen mit 4 cm (nach Sammelerlass 25 mm) Maschenweite und 20 cm tief eingegraben, mit folgender Höhe:
  o gegen Rot- und Damwild: 180 cm
  o gegen Muffelwild: 250 cm
  o gegen Rehwild und Schwarzwild: 150 cm
  o gegen Wildkaninchen: 130 cm.

Jagdschaden (§ 33 BJagdG)

Wer die Jagd ausübt, hat dabei die berechtigten Interessen der Grundstückseigentümer oder Nutzungsberechtigten zu beachten, insbesondere besäte Felder und nicht abgemähte Wiesen tunlichst zu schonen. Die Ausübung der Treibjagd auf Feldern, die mit reifender Halm- oder Samenfrucht oder mit Tabak bestanden sind, ist verboten; die Suchjagd ist nur insoweit zulässig, als sie ohne Schaden für die reifenden Früchte durchgeführt werden kann. Der Jagdausübungsberechtigte haftet auch für Schäden durch den Jagdaufseher oder Jagdgast.

Beweislast

Grundsätzlich trägt der Geschädigte, der Ersatzansprüche geltend macht, die Beweislast.

Weitere Anspruchsgrundlagen

Schadensersatzansprüche von aufgrund jagdlicher Handlungen Geschädigter können sich auch aus anderen Gesetzesnormen ergeben (wie z.b. deliktische Ansprüche nach § 823 BGB), für die dann allerdings nicht die Verfahrensvorschriften des Jagdrechts gelten. Zudem kann der Wildschadensersatz vertraglich geregelt werden (z.b. durch Aufnahme weiterer Wildarten, für deren Schäden Ersatz zu leisten ist).

Verfahren (§ 34 BJagdG, §§ 34 ff. HJagdG)

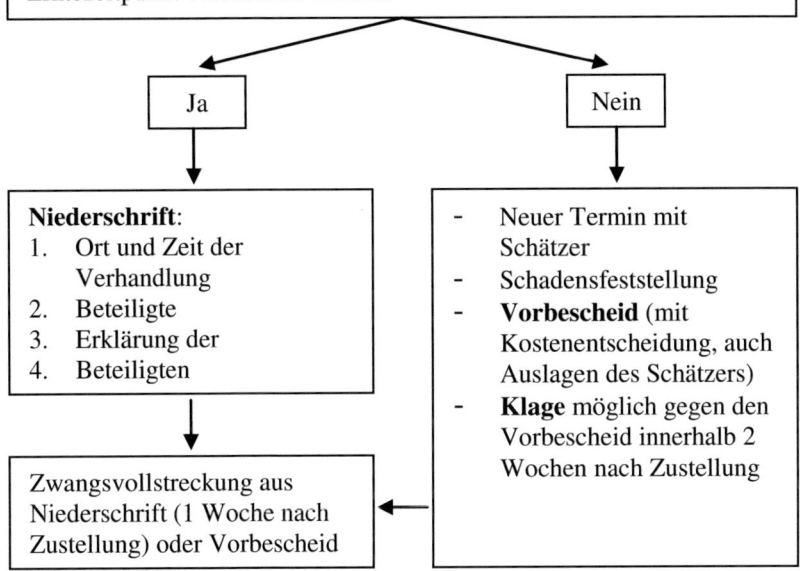

Schriftliche Anmeldung des Schadens durch den Berechtigten bei dem für das geschädigte Grundstück zuständigen Gemeindevorstand (vgl. §§ 65 ff. HGO)
- binnen 1 Woche nachdem er vom Schaden Kenntnis erlangt hat oder bei Beobachtung gehöriger Sorgfalt erhalten hätte (bei Landwirten grds. monatliche Kontrolle der Felder, bei Gefahr häufiger),
- bei forstwirtschaftlich genutzten Grundstücken zum 1. Mai oder 1. Oktober

Gütliche Einigung beim Ortstermin?
Ortstermin durch Gemeindevorstand mit allen Beteiligten mit Schadensermittlung und möglichst gütlicher Einigung; Termin kann auf den Erntezeitpunkt verschoben werden.

Ja

Nein

Niederschrift:
1. Ort und Zeit der Verhandlung
2. Beteiligte
3. Erklärung der
4. Beteiligten

- Neuer Termin mit Schätzer
- Schadensfeststellung
- **Vorbescheid** (mit Kostenentscheidung, auch Auslagen des Schätzers)
- **Klage** möglich gegen den Vorbescheid innerhalb 2 Wochen nach Zustellung

Zwangsvollstreckung aus Niederschrift (1 Woche nach Zustellung) oder Vorbescheid

1.7 Straf- und Bußgeldvorschriften

Das Jagdrecht sieht einige Straftatbestände und zahlreiche Ordnungswidrigkeitstatbestände vor. Straftatbestände unterliegen grundsätzlich dem Legalitätsprinzip, d.h. die Strafverfolgungsbehörden (hier Staatsanwaltschaft und Polizei) sind verpflichtet zu ermitteln. Straftaten können mit Freiheitsstrafen oder Geldstrafen geahndet werden. Die Verfolgung von Ordnungswidrigkeiten liegt dagegen im pflichtgemäßen Ermessen der Behörde (§ 47 Abs. 1 OWiG, Opportunitätsprinzip). Zuständige Behörde im Jagdrecht ist die (untere) Jagdbehörde, die eine Geldbuße verhängen kann.

Jagdrechtliche Strafvorschriften (§§ 38 f. BJagdG)

- Zuwiderhandeln gegen ein vollziehbar angeordnetes Verbot der Bejagung von Wild, dessen Bestand bedroht erscheint, in einem bestimmten Bezirk (§ 21 Abs. 3 BJagdG).
- Bejagung ganzjährig geschonten Wildes (§ 22 Abs. 2 Satz 1 BJagdG).
- Bejagung der in der Setz- und Brutzeit bis zum Selbständigwerden der Jungtiere für die Aufzucht notwendigen Elterntiere (§ 22 Abs. 4 BJagdG).

Als Strafen möglich sind Freiheitsstrafen bis zu fünf Jahren oder Geldstrafen. Nach § 38a BJagdG können in der BWildSchV noch weitere Straftatbestände vorgesehen werden. Auch andere Gesetze können Strafvorschriften enthalten (z.B. §§ 51 ff. WaffG, §§ 71 ff. BNatSchG, § 17 TierSchG).

Jagdrechtliche Ordnungswidrigkeiten (§ 39 BJagdG, § 42 HJagdG, § 6 BWildSchV, § 52 HJagdV)

Wer gegen jagdrechtliche Gebote und Verbote verstößt, handelt häufig ordnungswidrig, z.B. wer in befriedeten Bezirken die Jagd ausübt, aufgrund eines nichtigen Pachtvertrags oder Jagderlaubnisscheins jagt, als Inhaber eines Jugendjagdscheins ohne Begleitperson die Jagd ausübt, den Jagdschein nicht mit sich führt oder unberechtigt nicht vorzeigt, als Jagdausübungsberechtigter das Auftreten von Wildseuchen nicht unverzüglich anzeigt, die Fangjagd ohne Abschluss eines entsprechenden Lehrgangs betreibt, krankgeschossenes, durch Verkehrsunfall oder sonstige Weise

44

verletztes Wild nicht unverzüglich nachsucht und erlegt, bei der Nachsuche keinen brauchbaren Jagdhund verwendet, gegen Wildfütterungsvorschriften verstößt, den Abschussplan überschreitet u.s.w.

Weitere Ordnungswidrigkeiten sehen u.a. § 69 BNatSchG, § 28 HAGBNatSchG, § 8 VSG 4.4, § 53 WaffG, § 8 BWildSchV vor.

Behördlich oder gerichtlich angeordnete Maßnahmen:

Verbot der Jagdausübung für 1-6 Monate bei Bestrafung wegen einer Straftat im Zusammenhang mit der Jagd oder einer jagdrechtlichen Ordnungswidrigkeit (dann amtliche Verwahrung des Jagdscheins; § 41a BJagdG).

Gerichtlich angeordnete Maßnahmen:

- **Entziehung** des Jagdscheins bei rechtswidrig begangenen Taten gegen jagdrechtliche Straftatbestände, Widerstand gegen Vollzugsbeamte, Körperverletzung, Freiheitsberaubung, Nötigung gegen Personen, die sich in Ausübung des Forst-, Feld-, Jagd- oder Fischereischutzes befanden, oder im Falle der Jagd- oder Fischwilderei (§ 41 Abs. 1 BJagdG).
- **Sperre** von 1-5 Jahren, auch dauerhaft, wenn dies zur Gefahrenabwehr erforderlich ist (§ 41 Abs. 2 BJagdG).

Hintergrund: Jagdbehörden (§§ 38 f. HJagdG)

Jagdbehörde	Aufgaben, Befugnisse (Beispiele)
Oberste Jagdbehörde Hessisches Ministerium für Umwelt, Klimaschutz, Landwirtschaft und Verbraucherschutz www.umwelt. hessen.de	- Verwendung der Jagdabgabe (§ 16 Abs. 2 HJagdG) - Anpassung der Gebietsabgrenzung von Hochwildgebieten (§ 21a Abs. 1 HJagdG) - Ausnahme für Lockmittel (§ 23 Abs. 6 HJagdG) - Verlangen des Führens von Streckenlisten (§ 26 Abs. 5 HJagdG) - Aufhebung der Schonzeit zur Wildseuchenbekämpfung (§§ 26b Abs. 8, 39 Abs. 3 Nr. 1 HJagdG) - Genehmigung der Bestimmungen zur Nachsuche (§ 27 Abs. 7 HJagdG)

Jagdbehörde	Aufgaben, Befugnisse (Beispiele)
Oberste Jagdbehörde (Fortsetzung)	- Bericht über festgestellte Notzeiten und deren Begründung an den Landtag (§ 30 Abs. 7 HJagdG) - Wildfütterung in länderübergreifenden Rot- und Damwildgebieten (§ 30 Abs. 9 HJagdG) - Abschussfestsetzung in staatlichen Wildschutzgebieten (§ 39 Abs. 2 HJagdG)
Obere Jagdbehörde Regierungspräsidium Kassel www.rp-kassel.hessen.de	- Entscheidung bei Überschreitung des Abschussplans, wenn Jagdbehörde und Jagdbeirat sich nicht einigen (§ 26 Abs. 1 HJagdG) - Bestimmung der federführenden unteren Jagdbehörde für die Abschussplanung in abgegrenzten Rot-, Dam- und Muffelwildgebieten (§ 26 Abs. 2 HJagdG) - Fristsetzung bei Abschussplanung (§ 26a HJagdG) - Erhält Berichte über Abschussanträge außerhalb abgegrenzter Hochwildgebieten (§ 26 Abs. 4 HJagdG) - Anerkennung von Schweißhundegespannen für die bezirksübergreifende Nachsuche (§ 27 Abs. 6 HJagdG)
Untere Jagdbehörde Kreisausschüsse der Landkreise bzw. Magistrate der kreisfreien Städte auf Weisung oder Nationalparkamt	Alle übrigen Aufgaben und Befugnisse (u.a. die Ausstellung von Jagdscheinen, Zulassung zu Jägerprüfung, Bestätigung von Jagdaufsehern, Prüfung von Jagdpachtverträgen, Gestaltung von Jagdbezirken).

Jagdbeiräte werden bei den unteren Jagdbehörden und bei der obersten Jagdbehörde (Landesjagdbeirat) gebildet und Mitglieder auf fünf Jahre berufen (§ 37 Abs. 1 BJagdG, § 41 Abs. 4-6 HJagdG, §§ 42 f. HJagdV; u.a. Mitwirkung bei: Abschussplanung, Befriedung). Bei der unteren und oberen Jagdbehörde werden nach Anhörung der Jägerschaft und des Jagdbeirats sachkundige Personen (Jagdberater und Sachkundige, die bei der Abschussplanung mitwirken) für die Dauer von vier Jahren bestellt (§ 40 HJagdG).

1.8 Bundeswildschutzverordnung

Die Bundeswildschutzverordnung (BWildSchV) ist eine Verordnung, die auf Grund des BJagdG (§ 36 BJagdG) erlassen wurde. Von der Verordnung erfasst sind lebende und tote Tiere, ihre ohne weiteres erkennbaren Teile, ohne weiteres erkennbar aus ihnen gewonnene Erzeugnisse sowie ihre Eier, sonstige Entwicklungsformen und Nester (§ 1 Abs. 2 BWildSchV). Es ist grundsätzlich verboten, alle in der **Anlage 1** genannten Arten (neben Murmeltier, Schneehase, Seehund und Steinwild in erster Linie Federwild) zu besitzen, zu erwerben, zu be- oder verarbeiten, zu handeln und dafür zu befördern (§ 2 Abs. 1 BWildSchV). Das Aneignungsrecht des Jagdausübungsberechtigten bleibt allerdings erhalten. Der Jagdausübungsberechtigte darf somit Wild zumindest verschenken (§ 2 Abs. 2 Satz 1 und 2 BWildSchV).

Von diesem Grundsatz gibt es aber Ausnahmen:

- die in **Anlage 2** aufgelisteten Wildarten dürfen auch gewerbsmäßig gehandelt werden (d.h. auch an Wildbrethändler oder Gastronomen veräußert werden),
- die in **Anlage 3** genannten Wildarten dürfen nicht gewerbsmäßig gehandelt werden,
- in der Natur aufgefundene tote Tiere dürfen für die Zwecke der Forschung und Lehre verwendet werden,
- für Rebhühner, Fasanen, Wachteln und Stockenten, die in Deutschland in der Gefangenschaft gezüchtet und nicht herrenlos geworden sind

§ 3 BWildSchV regelt das **Halten von Greifen und Falken (Anlage 4)**, welches vom Besitz des Falknerjagdscheins abhängig gemacht wird, zahlenmäßig auf nicht mehr als zwei Exemplare der Arten Habicht, Steinadler und Wanderfalke beschränkt wird, eine Kennzeichnungspflicht vorsieht sowie eine Meldepflicht für Zu- und Abgänge.

Anlage 5 enthält Tiere, für deren Präparation oder Handel ein Aufnahme- und Auslieferungsbuch zu führen ist.

In der folgenden Tabelle sind die Anlagen zusammengefasst dargestellt:

Wildart	Anlage						Wildart	Anlage				
	1	2	3	4	5			1	2	3	4	5
Haarwild							Löffelente	X				X
							Schnatterente	X				X
Steinwild	X				X		Pfeifente	X	X			
Schneehase	X				X		Krickente	X	X			
Murmeltier	X				X		Spießente	X	X			
Seehund	X				X		Kolbenente	X				X
Federwild							Bergente	X				
							Reiherente	X		X		
Greife und Falken				X			Tafelente	X	X			
Rebhuhn	X	X					Schellente	X				X
Fasan	X	X					Brandente	X				X
Wachtel	X				X		Eisente	X				X
Auerwild	X				X		Samtente	X				
Birkwild	X				X		Trauerente	X				
Rackelwild	X				X		Eiderente	X				X
Haselwild	X				X		Mittelsäger	X				X
Alpenschneehuhn	X				X		Gänsesäger	X				X
Wildtruthuhn	X						Zwergsäger	X				X
Hohltaube	X				X		Waldschnepfe	X		X		
Ringeltaube	X	X					Blässhuhn	X	X			
Turteltaube	X				X		Mantelmöwe	X				
Türkentaube	X						Heringsmöwe	X				
Höckerschwan	X						Silbermöwe	X				
Graugans	X	X					Sturmmöwe	X				
Blässgans	X		X				Lachmöwe	X				
Saatgans	X						Schwarzkopfmöwe	X				X
Kurzschnabelgans	X				X		Zwergmöwe	X				X
Ringelgans	X						Dreizehenmöwe	X				X
Weißwangengans	X				X		Haubentaucher	X				X
Kanadagans	X						Graureiher	X				X
Stockente	X	X					Kolkrabe	X				X

Dies hat zur Folge, dass in **Hessen** mit Jagdzeiten versehenes Wild gewerbsmäßig gehandelt werden darf, außer Kanadagänse und – sollte die Jagd ab 2020 möglich sein – Türkentauben sowie Möwen, die nur verschenkt werden dürfen.

2. Naturschutz- und Landschaftspflegerecht

2.1 Grundsätze, Ziele und Inhaltsbestimmungen des Naturschutzrechts

Wichtige Gesetze: Gesetz über Naturschutz und Landschaftspflege (Bundesnaturschutzgesetz, BNatSchG), Hessisches Ausführungsgesetz zum Bundesnaturschutzgesetz (HAGBNatSchG), das Gesetz zur Erhaltung des Waldes und zur Förderung der Forstwirtschaft (Bundeswaldgesetz, BWaldG) und das Hessische Waldgesetz (HWaldG).

Ziele und Grundsätze des Naturschutzes und der Landschaftspflege (§§ 1 f. BNatSchG)

Sicherung der

-   biologischen Vielfalt,
-   Leistungs- und Funktionsfähigkeit des Naturhaushalts, einschließlich der Regenerationsfähigkeit,
-   Vielfalt, Eigenart und Schönheit sowie Erholungswert von Natur und Landschaft.

Für die biologische Vielfalt sind wichtig:

-   Lebensfähige Populationen (= eine biologisch oder geografisch abgegrenzte Zahl von Individuen einer Art) wild lebender Tiere und Pflanzen einschließlich ihrer Lebensstätten und einer Austauschmöglichkeit der Populationen,
-   Gefährdungen von Ökosystemen entgegenzuwirken,
-   Lebensgemeinschaften und Biotope (= Lebensraum einer Lebensgemeinschaft wild lebender Tiere und Pflanzen) zu erhalten; natürlich Dynamik zu ermöglichen.

Für die Leistungs- und Funktionsfähigkeit des Naturhaushalts sind wichtig:

-   Landschaftliche Strukturen zu schützen; Ressourcen sparsam zu nutzen,

- Bodenerhaltung, Renaturierung versiegelter Flächen,
- Wasserschutz, Erhalt von naturnahen Gewässern, Ufern und Auen,
- Luft- und Klimaschutz (Frisch- und Kaltluftentstehungsgebiete),
- wild lebende Tiere und Pflanzen, ihre Lebensgemeinschaften sowie ihre Biotope und Lebensstätten auch im Hinblick auf ihre jeweiligen Funktionen im Naturhaushalt zu erhalten,
- der Entwicklung sich selbst regulierender Ökosysteme auf hierfür geeigneten Flächen Raum und Zeit zu geben.

Für die Vielfalt, Eigenart und Schönheit sowie den Erholungswert der Natur sind wichtig:

- keine Zersiedelung und Zerschneidung,
- Schutz und Zugänglichmachung der Landschaft gerade im siedlungsnahen Bereich.

Jeder soll nach seinen Möglichkeiten zur Verwirklichung der Ziele des Naturschutzes und der Landschaftspflege beitragen und sich so verhalten, dass Natur und Landschaft nicht mehr als nach den Umständen unvermeidbar beeinträchtigt werden.

Für die **Landwirtschaft** hat das zur Folge, dass die Bewirtschaftung standortangepasst und nachhaltig erfolgen soll, die Vernetzung von Biotopen soll erhalten bleiben oder vermehrt werden, die Tierhaltung soll in einem ausgewogenen Verhältnis zum Pflanzenanbau stehen und schädliche Umweltauswirkungen vermeiden, auf erosionsgefährdeten Hängen etc. ist der Grünlandumbruch zu unterlassen und der Einsatz von Dünge- und Pflanzenschutzmitteln hat fachgerecht zu erfolgen (Düngeverordnung). Bei der **forst**lichen Nutzung des Waldes ist das Ziel zu verfolgen, naturnahe Wälder aufzubauen und diese ohne Kahlschläge nachhaltig zu bewirtschaften. Ein hinreichender Anteil standortheimischer Forstpflanzen ist einzuhalten. Bei der **fischerei**wirtschaftlichen Nutzung der oberirdischen Gewässer sind diese einschließlich ihrer Uferzonen als Lebensstätten und Lebensräume für heimische Tier- und Pflanzenarten zu erhalten und zu fördern (§ 5 BNatSchG).

50

2.2 Allgemeiner Schutz von Natur und Landschaft und bestimmter Teile

Eingriffe in Natur und Landschaft (§§ 13 ff. BNatSchG)

Eingriffe in Natur und Landschaft sind Veränderungen der Gestalt oder Nutzung von Grundflächen oder Veränderungen des mit der belebten Bodenschicht in Verbindung stehenden Grundwasserspiegels, die die Leistungs- und Funktionsfähigkeit des Naturhaushalts oder das Landschaftsbild erheblich beeinträchtigen können. Die land-, forst- und fischereiwirtschaftliche Bodennutzung ist nicht als Eingriff anzusehen, soweit dabei die Ziele des Naturschutzes und der Landschaftspflege berücksichtigt werden (§ 14 BNatSchG). Derartige Eingriffe dürften **z.b.** Abgrabungen und Aufschüttungen von Ufer- und Feuchtflächen sein, Abbau von Bodenschätzen, Camping- und Badeplätze, Neuanlage von Weihnachtsbaum- und Schmuckreisigkulturen in der Feldflur, Entsorgung von Abfall etc. sein. Nicht als Eingriff angesehen werden dürften z.b. landschaftsangepasste, einfache Hochsitze und Wildfütterungen, land- und forstwirtschaftliche Kulturschutzzäune, Instandhaltung und Pflege von Waldwegen, Renaturierung von Gewässern etc.

Grundsätzlich sind erhebliche Beeinträchtigungen von Natur und Landschaft zu vermeiden, erfolgen sie im Hinblick auf Natura 2000-Gebiete sind sie grundsätzlich sogar unzulässig. Nicht vermeidbare erhebliche Beeinträchtigungen sind durch Ausgleichs- oder Ersatzmaßnahmen oder, soweit dies nicht möglich ist, durch einen Ersatz in Geld zu kompensieren (§ 13 BNatSchG).

Ausgleichs- und Ersatzmaßnahmen (§ 15 BNatSchG) sollen die beeinträchtigte Funktion des Naturhaushalts wiederherstellen, bei Ausgleichsmaßnahmen in gleichartiger Weise (z.b. Neubau einer Straße als Eingriff und die Beseitigung und Renaturierung einer alten Straße in unmittelbarer Nähe als Ausgleichsmaßnahme), bei Ersatzmaßnahmen in gleichwertiger Weise in dem betroffenen Naturraum (z.b. wird Fläche durch Bebauung versiegelt, aber dafür ein Bachlauf renaturiert). Derartige Maßnahmen können auch auf „Vorrat gesammelt" werden, d.h. auf ein **Ökokonto** gebucht und für einen späteren Eingriff verwendet oder als Ökopunkte gehandelt werden (§ 16 BNatSchG, § 10 HAGBNatSchG). Ist eine Kompensation nicht möglich, ist ausnahmsweise **Ersatz in Geld** zu leisten (§ 15 Abs. 6 BNatSchG).

Einzelheiten der Kompensation legt in Hessen die Verordnung über die Durchführung von Kompensationsmaßnahmen, Ökokonten, deren Handelbarkeit und die Festsetzung von Ausgleichsabgaben (**Kompensationsverordnung – KV**) fest:

- Anlage 1 KV legt die Grenzen der Naturräume in Hessen dar.
- Bevorzugt werden Kompensationsmaßnahmen in Natura 2000-Gebieten.
- Ausgleich für Versiegelungen ist, soweit möglich und zumutbar, durch Entsiegelung zu erbringen.
- Einige Kompensationsmaßnahmen werden benannt, wie z.B. die Aufwertung von Wald oder landwirtschaftlich genutzten Flächen, Renaturierung von Fließgewässern, Wildbrücken etc.
- Für Ersatzzahlungen oder die Berechnung von Ökopunkten wird eine Berechnung anhand der Anlagen 2 und 3 KV vorgenommen. Bewertet wird die betroffene Fläche vor und nach dem Eingriff durch Vergabe von Wertpunkten des Katalogs in Anlage 3 KV.

Biotopverbund und Biotopvernetzung (§ 21 BNatSchG)

Der **Biotopverbund** dient der dauerhaften Sicherung der Population wild lebender Tiere und Pflanzen einschließlich ihrer Lebensstätten, Biotope und Lebensgemeinschaften sowie der Bewahrung, Wiederherstellung und Entwicklung funktionsfähiger ökologischer Wechselbeziehungen. Er soll auch zur Verbesserung des Zusammenhangs des Netzes „Natura 2000" beitragen. Der Biotopverbund soll mindestens 10 % der Fläche eines jeden Landes umfassen und länderübergreifend erfolgen. Die Länder stimmen sich hierzu untereinander ab. Der Biotopverbund besteht aus Kernflächen, Verbindungsflächen und Verbindungselementen. Bestandteile des Biotopverbunds sind

- Nationalparke und Nationale Naturmonumente,

- Naturschutzgebiete, Natura 2000-Gebiete und Biosphärenreservate oder Teile dieser Gebiete,
- gesetzlich geschützte Biotope,
- weitere Flächen und Elemente, einschließlich solcher des Nationalen Naturerbes, des Grünen Bandes sowie Teilen von Landschaftsschutzgebieten und Naturparken, wenn sie zur Erreichung des genannten Zieles geeignet sind.

In **Hessen** sind Kernflächen des landesweiten Biotopverbundes die Naturschutz- und Natura 2000-Gebiete, die Kernzonen und Pflegezonen des hessischen Teils des Biosphärenreservats Rhön und der Nationalpark Kellerwald-Edersee mit den angrenzenden Bereichen des Kellerwaldes, des Rothaargebirges und des Burgwaldes.

Auf regionaler Ebene sind insbesondere in von der Landwirtschaft geprägten Landschaften zur Vernetzung von Biotopen erforderliche lineare und punktförmige Elemente, insbesondere Hecken und Feldraine sowie Trittsteinbiotope, zu erhalten und dort, wo sie nicht in ausreichendem Maße vorhanden sind, zu schaffen (**Biotopvernetzung**).

2.3 Schutzgebietskategorien

Flächen- und Objektschutz bestimmter Teile von Natur und Landschaft (§§ 20 ff. BNatSchG, §§ 12 ff. HAGBNatSchG)

Die Unterschutzstellung von Teilen von Natur und Landschaft erfolgt durch **Erklärung**, in Hessen regelmäßig durch **Rechtsverordnung** (bei geschützten Landschaftsbestandteilen innerhalb geschlossener Ortschaften durch Satzung). **Zuständig** sind für Naturparke und Biosphärenreservate das Ministerium, für Nationalparke und Nationale Naturmonumente sowie Natura 2000-Gebiete die Landesregierung, für Naturschutz- und Landschaftsschutzgebiete die obere Naturschutzbehörde (Regierungspräsidium), für kleine Naturschutzgebiete (bis 5 ha), geschützte Landschaftsbestandteile und Naturdenkmale die untere Naturschutzbehörde (Kreisausschuss bzw. Magistrat). Die Gemeinde ist zuständig für Satzungen über geschützte Landschaftsbestandteile innerhalb der im Zusammenhang bebauten Ortsteile. Betroffenen (Eigentümern etc.) ist vor der Erklärung zum Schutzgebiet Gelegenheit zur Äußerung zu geben.

Inhalt der Erklärung: Schutzgegenstand, Schutzzweck, die zur Erreichung des Schutzzwecks notwendigen **Gebote und Verbote** (z.B. Einschränkung der Betretungsrechte, Leinenzwang), und, soweit erforderlich, die Pflege-, Entwicklungs- und Wiederherstellungsmaßnahmen oder die dafür erforderliche Ermächtigung.

Folgende Schutzgebiete lassen sich unterscheiden (konkrete Beispiele finden sich im Hessischen Naturschutzinformationssystem unter **natureg**.hessen.de):

- **Naturschutzgebiete** (§ 23 BNatSchG) sind rechtsverbindlich festgesetzte Gebiete, in denen ein besonderer Schutz von Natur und Landschaft in ihrer Ganzheit oder in einzelnen Teilen erforderlich ist
  - o zur Erhaltung, Entwicklung oder Wiederherstellung von Lebensstätten, Biotopen oder Lebensgemeinschaften bestimmter wild lebender Tier- und Pflanzenarten,
  - o aus wissenschaftlichen, naturgeschichtlichen oder landeskundlichen Gründen oder

o   wegen ihrer Seltenheit, besonderen Eigenart oder hervorragen-
den Schönheit.

-   **Nationalparke** (§ 24 BNatSchG) sind großräumige Gebiete, die im
überwiegenden Teil ihres Gebiets die Voraussetzung eines Naturschutzgebiets erfüllen und sich in einem vom Menschen wenig beein-
flussten Zustand befinden (in Hessen der Nationalpark Kellerwald-
Edersee).

-   **Nationale Naturmonumente** (§ 24 Abs. 4 BNatSchG) müssen dagegen nicht großräumige Gebiete sei, sind aber aus wissenschaftlichen,
naturgeschichtlichen, kulturhistorischen oder landeskundlichen Gründen und wegen ihrer Seltenheit, Eigenart oder Schönheit von herausra-
gender Bedeutung.

-   **Biosphärenreservate** (§ 25 BNatSchG) sind auch großräumige Gebiete, die im überwiegenden Teil ihres Gebiets die Voraussetzungen eines Naturschutzgebiets oder Landschaftsschutzgebiets erfüllen, aber
vom Menschen vielfältig genutzt und auf besonders schonende Weise
bewirtschaftet werden (in Hessen das Biosphärenreservat Rhön).

-   **Landschaftsschutzgebiete** (§ 26 BNatSchG) sind ähnlich wie Naturschutzgebiete, häufig großflächiger, dienen meist dem Erhalt des allgemeinen Erscheinungsbilds der Landschaft und die Auflagen sind
häufig geringer (in Frankfurt ist z.B. der gesamte Grüngürtel Land-
schaftsschutzgebiet).

-   **Naturparke** (§ 27 BNatSchG, § 12 HAGBNatSchG) sind großräumige
Gebiete (in Hessen mindestens 30 000 ha, wobei der Anteil unzer-
schnittener, verkehrsarmer Räume über 2 500 ha mindestens 30 % der
Fläche ausmachen soll), die im überwiegenden Teil ihres Gebiets die
Voraussetzungen eines Naturschutzgebiets oder Landschaftsschutzgebiets erfüllen (in Hessen 40 %), die eine besondere Bedeutung für die
Erholung und die Regionalentwicklung haben (in Hessen z.B. die Naturparke Rhein-Taunus, Hochtaunus, Hessische Rhön (als solcher Bestandteil des Biosphärenreservats)). Naturparke sollen auch der Bildung
für nachhaltige Entwicklung dienen.

-   **Naturdenkmale** (§ 28 BNatSchG) sind schützenswerte Einzelschöp-
fungen der Natur oder entsprechende Flächen bis 5 ha.

- **Geschützte Landschaftsbestandteile** (§ 29 BNatSchG) dienen der Belebung, Gliederung oder Pflege des Orts- und Landschaftsbildes und zur Abwehr schädlicher Einwirkungen (z.b. Vogelschutzgehölz, einzelnes Gewässer mit Uferzone).

Gesetzlich geschützte Biotope (§ 30 BNatSchG, § 13 HAGBNatSchG)

Gesetzlich geschützt und vor Zerstörung zu bewahren sind z.b. die folgenden Biotope:

- natürliche oder naturnahe Gewässer und deren Ufer,
- Moore, Sümpfe, Röhrichte, Nasswiesen, Quellbereiche,
- offene Binnendünen, natürliche Geröllhalden, Heidelandschaften, Trockenrasen,
- Bruch-, Sumpf-, Auenwälder,
- offene Felsbildungen, nicht genutzte Höhlen und naturnahe Stollen,
- Fels- und Steilküsten, Küstendünen, Strandseen,
- Alleen,
- Streuobstbestände außerhalb der im Zusammenhang bebauten Ortsteile.

2.4 Europäisches Schutzgebietssystem „Natura 2000"

In Deutschland regelt §§ 31 ff. BNatSchG das zusammenhängende Netz europäischer Schutzgebiete „Natura 2000." Europäische Grundlage dieses Netzwerkes ist die 1992 von den Mitgliedstaaten der Europäischen Union beschlossene **FFH-Richtlinie** (F = Fauna, Tierwelt, F = Flora, Pflanzenwelt, H = Habitat, Lebensraum, Richtlinie 92/43/EWG). Natura 2000 schließt auch Gebiete ein, die nach der **Vogelschutzrichtlinie** (ursprünglich von 1979, Richtlinie 2009/147/EG) zu schützen sind. Beide Richtlinien bezwecken den Erhalt der biologischen Vielfalt durch Schutz, Pflege und Entwicklung bestimmter Lebensräume und Tier- und Pflanzenarten. Nur durch das Netz ist es den Arten möglich, ökologische Trittsteine und Korridore zu nutzen und so auch auf Dauer überleben zu können.

Nach der FFH-Richtlinie werden nationale Listen möglicher **Schutzgebiete** von gemeinschaftlicher Bedeutung an die Europäische Kommission übermittelt, die eine Auswahl trifft und in einer Liste zusammenführt (mit Kodierung, Bezeichnung (z.b. DE5918303, Frankfurter Oberwald), Lage, Größe). Mit Auswahl eines Gebietes muss dieses als besonderes Schutzgebiet ausgewiesen werden. **Anhang III FFH-Richtlinie** listet die Kriterien auf, nach denen die Gebiete von gemeinschaftlicher Bedeutung auszuwählen sind (z.b. Erhaltungsgrad und Populationsgröße) und zwar im Hinblick auf schützenwerte Lebensraumtypen (**Anhang I FFH-Richtlinie**, z.B. Lebende Hochmoore*, Moorwälder*, Waldmeister-Buchenwälder, Sternmieren-Eichen-Hainbuchenwälder, Sandheiden mit Besenheide und Ginster auf Binnendünen) und Arten (**Anhang II FFH-Richtlinie**, z.B. in Deutschland Wisent*, Wolf*, Biber, Fischotter, Luchs, Europäischer Nerz, Große und Kleine Hufeisennase, Rotbauchunke, Europäische Sumpfschildkröte, Kammmolch, Eremit/Juchtenkäfer*, Frauenschuh, Große Kuhschelle, Finger-Küchenschelle). Mit Stern gekennzeichnete Lebensraumtypen und Arten sind prioritär, d.h. werden in den Regelungen der Richtlinie bevorzugt berücksichtigt (z.b. bei der Schutzgebietsausweisung, Finanzierung oder Überwachung). Die FFH-Richtlinie weist noch zwei weitere Anhänge auf: **Anhang IV FFH-Richtlinie** erfordert, dass die dort aufgelisteten Tiere nicht gestört, Eier nicht der Natur entnommen werden, Fortpflanzungs- und Ruhestätten nicht zerstört werden, und dass die dort aufgelisteten Pflanzen nicht der Natur entnommen bzw. damit Handel getrieben wird. Die oben beispielhaft unter Anhang II genannten Arten sind auch in Anhang IV aufgelistet (daneben z.b. Wildkatze, Haselmaus und Feldhamster). Für die in **Anhang V FFH-Richtlinie** aufgelisteten Arten sind Vorschriften zur Entnahme aus der Natur erforderlich, insbesondere dürfen Tiere nicht auf nichtselektive Art gefangen und getötet werden (in dem Anhang genannt werden z.b. Baummarder und Iltis). **Anhang VI FFH-Richtlinie** zählt einige verbotene Methoden und Mittel des Fangs, der Tötung und der Beförderung auf (z.b. Tonbandgeräte, künstliche Lichtquellen, Vorrichtung zur Beleuchtung von Zielen, Sprengstoffe, Begasen oder Ausräuchern).

Gebiete der **Vogelschutzrichtlinie** für die dort in Anhang I genannten Arten werden durch die Staaten ausgewiesen.

Die Natura 2000-Gebiete Europas können im „**Natura 2000 Netzwerk Viewer**" abgefragt werden: natura2000.eea.europa.eu.

Die **Schutzerklärung** bestimmt den Schutzzweck entsprechend den jeweiligen Erhaltungszielen und die erforderlichen Gebietsbegrenzungen. Es soll dargestellt werden, ob prioritäre natürliche Lebensraumtypen oder prioritäre Arten zu schützen sind. Dem Schutzzweck dienen geeignete Gebote und Verbote sowie Pflege- und Entwicklungsmaßnahmen.

Bei bestimmten Gebieten empfiehlt sich zudem ein **Managementplan**, insbesondere bei pflegebedürftigen Lebensraumtypen oder Arten, bei einem ungünstigen Erhaltungszustand, langfristig nicht stabilen Beständen, bei absehbaren Beeinträchtigungen durch Projekte in diesem Gebiet, Vorbelastungen etc.

Verschlechterungsverbot: Nach § 33 BNatSchG sind alle Veränderungen und Störungen, die zu einer erheblichen Beeinträchtigung eines Natura 2000-Gebiets in seinen für die Erhaltungsziele oder den Schutzzweck maßgeblichen Bestandteilen führen können, unzulässig. Projekte, die zu einer erheblichen Beeinträchtigung von Natura 2000-Gebieten führen können, sind auf ihre Verträglichkeit mit den Erhaltungszielen des Gebiets zu überprüfen (§ 34 BNatSchG).

2.5 Allgemeiner und spezieller Artenschutz

Schutz der wild lebenden Tier- und Pflanzenarten (Artenschutz) (§§ 37 ff. BNatSchG, §§ 17 f. HAGBNatSchG)

Der Artenschutz dient

- dem Schutz wild lebender Tiere und Pflanzen und ihrer Lebensgemeinschaften vor Beeinträchtigung durch den Menschen,
- den Schutz ihrer Lebensstätten und Biotope und
- der Wiederansiedlung verdrängter Arten.

Die Vorschriften u.a. des Jagdrechts bleiben unberührt. Enthält das Jagdrecht keine besonderen Schutzbestimmungen, ist das BNatSchG insoweit anzuwenden – vorbehaltlich der Rechte des Jagdausübungsberechtigten (**Unberührtheitsklausel**).

Allgemeiner Schutz wild lebender Tiere und Pflanzen (§ 39 BNatSchG)

Zum Schutz der Tiere und Pflanzen ist es verboten,

- wild lebende **Tiere** mutwillig zu **beunruhigen** oder ohne vernünftigen Grund zu **fangen**, zu **verletzen** oder zu **töten**,
- wild lebende Pflanzen ohne vernünftigen Grund von ihrem Standort zu entnehmen oder zu nutzen oder ihre Bestände niederzuschlagen oder auf sonstige Weise zu verwüsten (für den privaten Gebrauch dürfen Blumen, Gräser, Früchte und Pilze pfleglich entnommen werden – „Handstrauß-Regelung"),
- Lebensstätten wild lebender Tiere und Pflanzen ohne vernünftigen Grund zu beeinträchtigen oder zu zerstören,
- die Bodendecke auf Wiesen, Feldern u.s.w. abzubrennen,
- insbesondere Hecken und Gehölze in der Zeit vom 1. März bis 30. September abzuschneiden, auf den Stock zu setzen oder zu beseitigen (Pflegeschnitte sind zulässig),
- Röhrichte in dieser Zeit zurückzuschneiden (ansonsten auch nur in Abschnitten),

- ständig wasserführende Gräben auszuheben, wenn das den Naturhaushalt beeinträchtigt,
- Höhlen, Stollen, Erdkeller etc., die Fledermäusen als Winterquartier dienen, in der Zeit vom 1. Oktober bis 31. März aufzusuchen.

Gebietsfremde und invasive Arten (§§ 40 ff. BNatSchG)

Nach §§ 40 ff. BNatSchG sind geeignete Maßnahmen zu treffen, um einer Gefährdung der Biodiversität durch Tiere und Pflanzen gebietsfremder oder invasiver Arten entgegenzuwirken.

Das Ausbringen von Pflanzen **gebietsfremd**er Arten in der freien Natur sowie von Tieren bedarf grundsätzlich der behördlichen Genehmigung. Ausnahmen von dem Genehmigungserfordernis gibt es beispielsweise für den Pflanzenanbau in der Land- und Forstwirtschaft und den biologischen Pflanzenschutz. Gebietsfremd ist eine wild lebende Tier- oder Pflanzenart, wenn sie in dem betreffenden Gebiet in freier Natur nicht oder seit mehr als 100 Jahren nicht mehr vorkommt.

Invasiv sind die Arten, die aus ihrem natürlichen Verbreitungsgebiet heraus eingebracht werden, überleben und sich fortpflanzen können und entweder von der europäischen „Verordnung (EU) Nr. 1143/2014 vom 22. Oktober 2014 über die Prävention und das Management der Einbringung und Ausbreitung invasiver gebietsfremder Arten" erfasst sind oder durch einen nationalen Rechtsakt benannt sind. Im Zentrum der europäischen Verordnung steht eine von der Europäischen Kommission zu erstellende Liste invasiver Arten (u.a. mit Nutria, Waschbär, Bisam, Nilgans, Marderhund), die grundsätzlich nicht in die Europäische Union eingeführt, gehalten oder gezüchtet werden dürfen. Ausnahmen (z.B. für die Forschung) bedürfen einer behördlichen Genehmigung. Die Behörden können Beseitigungsmaßnahmen ergreifen. Es sind Aktionspläne im Hinblick auf die Ausbreitung der Arten zu erstellen und Managementmaßnahmen zu ergreifen. Bei Arten, die dem Jagdrecht oder Jagdschutz unterliegen, sind die Jagdbehörden zu beteiligen. Dem Jagdausübungsberechtigten kann mit dessen Zustimmung die Durchführung von Maßnahmen übertragen werden. Erfolgt die Durchführung nicht oder nicht ordnungsgemäß, kann die Jagbehörde nach dessen Anhörung tätig werden. Jagdliche Maßnahmen dürfen dann aber auch nur im

60

Einvernehmen mit dem Jagdausübungsberechtigten vorgenommen werden (§ 28a BJagdG).

Besonders geschützte Tier- und Pflanzenarten (§§ 44 ff. BNatSchG)

Besonders geschützte Tiere werden in § 7 Abs. 2 Nr. 13 BNatSchG unter Verweis auf die europäische Verordnung (EG) Nr. 338/97, Anhang A *und* B, die Richtlinie 92/43/EWG Anhang IV sowie unter Einbeziehung aller europäischen Vogelarten, die **streng geschützte**n Arten in § 7 Abs. 2 Nr. 14 BNatSchG unter Verweis auf Anhang A der Verordnung und Anhang IV der Richtlinie definiert und können durch Verordnung ergänzt werden (Verordnung zum Schutz wild lebender Tier- und Pflanzenarten (Bundesartenschutzverordnung - BArtSchV)). Die BArtSchV stellt mit einigen Ausnahmen (einige Mausarten und Amerikanischer Nerz, Nutria, Marderhund, Bisam, Waschbär, Wanderratte und Hausratte) alle Säugetiere unter den besonderen Schutz, nimmt davon aber wiederum die dem Jagdrecht unterliegenden Arten aus. Die europäischen Rechtstexte schließen eine Erfassung der geschützten Tiere vom Jagdrecht nicht vollständig aus (die Verordnung (EG) 338/97 betrifft den Handel mit Tieren und Richtlinie 92/43/EWG lässt in Art. 15 i.V.m. Anhang V und im Einzelfall nach Art. 16 den Fang oder das Töten von Tieren zu). Zumindest bei den von der Richtlinie 92/43/EWG erfassten Arten (u.a. Luchs, Wildkatze, Fischotter) dürfte das Schutzziel der Richtlinie nur mit einem stark eingeschränkten Jagdrecht (weitestgehend keine Jagdzeit, kein Aneignungsrecht) erreicht werden.

Beispiele für besonders (* auch streng) geschützte Tier- und Pflanzenarten (siehe auch www.**wisia**.de):

- **Säugetiere**: Wolf*, Biber*, Luchs*, Igel, Wildkatze*, Fischotter*, Bilche*, Feldhamster*, Feld- und Gartenspitzmaus, Zwergmaus, Sumpfspitzmaus, Haselmaus*, Großes Mausohr*, Große und Kleine Hufeisennase*, Maulwurf, Eichhörnchen, Braunbär*
- alle europäischen **Vogelarten**, so auch Habicht*, Sperber*, Schilfrohrsänger*, Nilgans, Löffelente, Stockente, Knäkente*, Blässgans, Graugans, Saatgans, Steinadler*, Graureiher, Purpurreiher*, Uhu*, Waldohreule*, Steinkauz*, Waldkauz*, Auerhuhn*, Birkhuhn*, Haselhuhn,

Roter Milan*, Schwarzer Milan*, Eisvogel*, Waldschnepfe, Bekassine*, Grünspecht
- **Reptilien**: Blindschleiche, Zauneidechse*, Ringelnatter, Äskulapnatter*, Waldeidechse, Kreuzotter, Europäische Sumpfschildkröte*
- **Amphibien**: Kleiner Wasserfrosch*, Grasfrosch, Erdkröte, Wechselkröte*, Feuersalamander, Gelbbauchunke, Europäische Sumpfschildkröte
- **Schmetterlinge**: zahlreiche Schmetterlinge sind besonders geschützt wie die Perlmuttfalter, der Wolfsmilchschwärmer, der Große Schillerfalter, das Rote Ordensband
- **Hautflügler**: Bienen, Hummeln, Rote Waldameise, Hornisse
- **Käfer**: Nashornkäfer, Hirschkäfer
- **Pflanzen**: Schneeglöckchen, Küchenschellen, Hohe Schlüsselblume, Trollblume, Silberdistel, Schwertlilien, Narzissen, Orchideen, Primeln, Schlüsselblumen, Enzian, Seidelbaste, Gelber Fingerhut, Sonnentau, Sumpf-Wolfsmilch, Hirschzunge, Gelbe und Kleine* Teichrose, Weiße und Glänzende Seerose, Leberblümchen, Weißmoos

Schutz durch

- **Zugriffsverbote** (Verbot des Nachstellens, Fangens, Tötens, Zerstörens von besonders geschützten Arten, streng geschützte Arten und Vogelarten während der Fortpflanzungs- und Aufzuchtszeit zu stören und deren Fortpflanzungs- und Ruhestätten der Natur zu entnehmen oder zu zerstören, besonders geschützte Pflanzen der Natur zu entnehmen oder zu zerstören),
- **Besitzverbote** (Verbot besonders geschützte Pflanzen und Tiere in Besitz zu nehmen oder zu haben oder zu verarbeiten, es sei denn rechtmäßig gezüchtet oder künstlich vermehrt (dann ist ein Aufnahme- und Auslieferungsbuch zu führen)),
- **Vermarktungsverbote** (Verbot besonders geschützte Tiere und Pflanzen zu kaufen, verkaufen oder tauschen, zu kommerziellen Zwecken zu erwerben, zur Schau zu stellen oder auf andere Weise zu verwenden).

§ 4 **BArtSchV** verbietet zudem bestimmte Anlock- und Fangmethoden für besonders geschützte Tiere und alle Wirbeltiere, die nicht dem Jagd- und

Fischereirecht unterliegen, wie z.B. das Fangen und Töten mit Fallen, die in größeren Mengen oder wahllos fangen oder töten, die Verwendung von künstlichen Lichtquellen, akustischen Geräten u.s.w.

Tot aufgefundene und nicht streng geschützte Tiere dürfen zum Zwecke der Forschung oder Lehre präpariert werden. Kranke Tiere dürfen gesund gepflegt werden, wenn sie danach freigelassen werden. Streng geschützte Tiere sind der Naturschutzbehörde zu melden, die die Herausgabe verlangen kann. Das jagdliche Aneignungsrecht ist zu beachten, d.h. ein Revierinhaber darf sich ein dem Jagdrecht unterliegenden und verendeten Mäusebussard aneignen und präparieren lassen, nicht aber einen Uhu (§ 45 BNatSchG).

Internationale Grundlagen des Artenschutzes

1971: Ramsar Konvention zur Erhaltung der Feuchtgebiete von internationaler Bedeutung, insbesondere als Lebensraum für Wasser- und Wattvögel (Convention on Wetlands of International Importance especially as Waterfowl Habitat), www.ramsar.org

1973: Washingtoner Artenschutzübereinkommen über den internationalen Handel mit gefährdeten Arten freilebender Tiere und Pflanzen (Convention on International Trade in Endangered Species of Wild Fauna and Flora, **CITES**), www.cites.org. Das Abkommen regelt den Handel mit gefährdeten Arten und deren Produkte (z.B. Elfenbein), abgestuft nach verschiedenen Anhängen. Für stark vom Handel bedrohte und in Anhang I aufgelistete Arten gib es ein Verbot des kommerziellen Handels für Individuen, die aus der Wildnis kommen.

1979: Bonner Konvention – Übereinkommen zur Erhaltung wandernder wild lebender Tiere (Convention on the Conservation of Migratory Species of Wild Animals, **CMS**), www.cms.int

1979: Berner Konvention zur Erhaltung der europäischen wildlebenden Pflanzen und Tiere und ihrer natürlichen Lebensräume (Convention on the Conservation of European Wildlife and Natural Habitats)

1992: Übereinkommen über die biologische Vielfalt (Convention on Biological Diversity, **CBD**), www.cbd.int

2.6 Erholung in Natur und Landschaft

Bereits bei den Zielen des Naturschutzes wird der Erholungsfunktion der Natur eine große Bedeutung beigemessen, weshalb auch Regelungen zur Erholung in Natur und Landschaft vorgesehen sind (§§ 59 ff. BNatSchG, § 27 HAGBNatSchG)

Allgemeiner **Grundsatz**: Das Betreten der freien Landschaft auf Straßen und Wegen sowie auf ungenutzten Grundflächen zum Zweck der Erholung ist allen gestattet (§ 59 Abs. 1 BNatSchG).

Gleichzeitig wird geregelt, dass das Betreten der freien Landschaft auf eigene Gefahr erfolgt und keine zusätzlichen Sorgfalts- oder Verkehrssicherungspflichten begründet werden. Vielmehr besteht insbesondere keine Haftung für typische, sich aus der Natur ergebende Gefahren.

Die öffentlichen Stellen stellen in ihrem Eigentum oder Besitz befindliche Grundstücke zur Erholung zur Verfügung, soweit dies möglich und im Einklang mit dem Naturschutz ist (§ 62 BNatSchG).

2.7 Mitwirkungs- und Klagerechte von anerkannten Naturschutzvereinigungen

Anerkannte Naturschutzvereinigung (§§ 63 f. BNatSchG, § 23 HAGBNatSchG, in Hessen z.b. BUND Hessen, NABU Hessen, LJV Hessen): Vom Bund bzw. von den Ländern anerkannten Vereinigungen, die nach ihrem satzungsgemäßen Aufgabenbereich im Schwerpunkt die Ziele des Naturschutzes und der Landschaftspflege fördern, ist Gelegenheit zur Stellungnahme und Einsichtnahme zu geben bei der Vorbereitung unterhalb eines Gesetzes stehender Rechtsvorschriften, bei Planfeststellungsverfahren und Plangenehmigungen, bei Landschaftsprogrammen und Landschaftsrahmenplänen der Länder, Wiederansiedlung von Tieren, Befreiung von Geboten und Verboten in bestimmten Schutzgebieten u.s.w.

Nach § 64 BNatSchG haben anerkannte Naturschutzvereinigungen ein **Klagerecht** in Naturschutzangelegenheiten im Hinblick auf bestimmte mitwirkungsbedürftige Maßnahmen, wenn sie in ihrem satzungsgemäßen Aufgaben- und Tätigkeitsbereich berührt sind. In eigenen Rechten müssen die Naturschutzvereinigungen nicht verletzt sein. Ein vergleichbares Klagerecht sieht auch das „Gesetz über ergänzende Vorschriften zu Rechtsbehelfen in Umweltangelegenheiten nach der EG-Richtlinie 2003/35/EG (Umwelt-Rechtsbehelfsgesetz - UmwRG)" im Hinblick auf bestimmte Industrie- und Infrastrukturanlagen vor und geht im Falle seiner Anwendbarkeit § 64 BNatSchG vor.

Hintergrundinformation zur Naturschutzorganisation

- **Naturschutzbeiräte** (§ 22 HAGBNatSchG) bei der obersten und den unteren Naturschutzbehörden.
- **Ehrenamtliche Beratung auf dem Gebiet des Vogelschutzes** (§ 24 HAGBNatSchG): Staatliche Vogelschutzwarte für Hessen, Rheinland-Pfalz und Saarland (www.vswffm.de).
- **Naturschutzwacht** (§ 25 HAGBNatSchG) in Nationalparken, Biosphärenreservaten und Naturschutzgebieten.
- **Naturschutzakademie** (§ 26 HAGBNatSchG): www.na-hessen.de.

3. Tierschutzrecht und sonstige Rechtsvorschriften

3.1 Tierschutzrecht

Für die Jagdausübung wichtige Regelungen des Tierschutzgesetzes (TierSchG):

Allgemeiner Grundsatz in § 1 Satz 2 TierSchG: „**Niemand darf einem Tier ohne vernünftigen Grund Schmerzen, Leiden oder Schäden zufügen.**"

Grundsätze zur Tierhaltung in § 2 TierSchG:

Wer ein Tier hält, betreut oder zu betreuen hat,

1. muss das Tier seiner Art und seinen Bedürfnissen entsprechend angemessen ernähren, pflegen und verhaltensgerecht unterbringen,
2. darf die Möglichkeit des Tieres zu artgemäßer Bewegung nicht so einschränken, dass ihm Schmerzen oder vermeidbare Leiden oder Schäden zugefügt werden,
3. muss über die für eine angemessene Ernährung, Pflege und verhaltensgerechte Unterbringung des Tieres erforderlichen Kenntnisse und Fähigkeiten verfügen.

Bei der **Hundehaltung** sind folgende rechtlichen Vorgaben der **Tierschutz-Hundeverordnung** (TierSchHuV, Bundesrecht) zu beachten:

- Der Hund muss ausreichend Auslauf im Freien und Umgang mit der Betreuungsperson haben.
- Welpen dürfen grundsätzlich erst im Alter von acht Wochen vom Muttertier getrennt werden.
- Halten im Freien nur mit wärmegedämmter Schutzhütte aus gesundheitsunschädlichem Material und schattigem Liegeplatz außerhalb der Schutzhütte mit gedämmtem Boden.
- Halten in Räumen nur mit hinreichend Tageslicht und Frischluft.
- Zwingerhaltung: Größe abhängig von der Widerristhöhe (bis 50 cm (und Hunde, die an 5 Tagen in der Woche die überwiegende Zeit au-

ßerhalb des Zwingers verbringen): 6 m², 50-65 cm: 8 m², über 65 cm: 10 m², für jeden weiteren Hund zusätzlich die Hälfte der Fläche), Einfriedung aus gesundheitsunschädlichem Material und höher als die Vorderpfoten eines aufgerichteten Hundes, mindestens auf einer Seite freie Sicht, ggf. Sichtkontakt zu anderen Hunden.

- Anbindehaltung (bei gesunden Hunden ab 1 Jahr, nicht im letzten Drittel der Trächtigkeit und bei einer säugenden Hündin): 6 m lange und leichte Laufvorrichtung mit mindestens 5 m seitlichem Bewegungsspielraum und Möglichkeit, die Schutzhütte zu erreichen.
- Jederzeit Wasser und ausreichend artgerechtes Futter.

Wichtige **Verbote** enthält § 3 TierSchG. Danach ist verboten,

- einem Tier außer in Notfällen Leistungen abzuverlangen, denen es wegen seines Zustandes offensichtlich nicht gewachsen ist oder die offensichtlich seine Kräfte übersteigen (Nr. 1, z.B. einen kranken Hund mit auf die Drückjagd nehmen),
- ein im Haus, Betrieb oder sonst in Obhut des Menschen gehaltenes Tier auszusetzen oder es zurückzulassen, um sich seiner zu entledigen oder sich der Halter- oder Betreuerpflicht zu entziehen (Nr. 3),
- ein gezüchtetes oder aufgezogenes Tier einer wildlebenden Art in der freien Natur auszusetzen oder anzusiedeln, das nicht auf die zum Überleben in dem vorgesehenen Lebensraum erforderliche artgemäße Nahrungsaufnahme vorbereitet und an das Klima angepasst ist; die Vorschriften des Jagdrechts und des Naturschutzrechts bleiben unberührt (Nr. 4),
- ein Tier auszubilden oder zu trainieren, sofern damit erhebliche Schmerzen, Leiden oder Schäden für das Tier verbunden sind (Nr. 5),
- ein Tier an einem anderen lebenden Tier auf Schärfe abzurichten oder zu prüfen (Nr. 7),
- ein Tier auf ein anderes Tier zu hetzen, soweit dies nicht die Grundsätze weidgerechter Jagdausübung erfordern (Nr. 8),
- ein Gerät zu verwenden, das durch direkte Stromeinwirkung das artgemäße Verhalten eines Tieres, insbesondere seine Bewegung, erheblich einschränkt oder es zur Bewegung zwingt und dem Tier dadurch nicht unerhebliche Schmerzen, Leiden oder Schäden zufügt, soweit dies

nicht nach bundes- oder landesrechtlichen Vorschriften zulässig ist (Nr. 11).

Zur **Tötung eines Wirbeltieres** besagt § 4 Abs. 1 TierSchG:

„Ein Wirbeltier darf nur unter wirksamer Schmerzausschaltung (Betäubung) in einem Zustand der Wahrnehmungs- und Empfindungslosigkeit oder sonst, soweit nach den gegebenen Umständen zumutbar, nur unter Vermeidung von Schmerzen getötet werden. Ist die Tötung eines Wirbeltieres ohne Betäubung im Rahmen weidgerechter Ausübung der Jagd oder auf Grund anderer Rechtsvorschriften zulässig oder erfolgt sie im Rahmen zulässiger Schädlingsbekämpfungsmaßnahmen, so darf die Tötung nur vorgenommen werden, wenn hierbei nicht mehr als unvermeidbare Schmerzen entstehen. Ein Wirbeltier töten darf nur, wer die dazu notwendigen Kenntnisse und Fähigkeiten hat."

Danach darf beispielsweise ein Jäger nicht seinen schwer erkrankten Hund erschießen.

Grundsätzlich darf an einem Wirbeltier ohne Betäubung ein **mit Schmerzen verbundener Eingriff** nicht vorgenommen werden. Die Betäubung u.a. warmblütiger Wirbeltiere ist in der Regel von einem Tierarzt vorzunehmen (§ 5 Abs. 1 Satz 1 und 2 TierSchG). Ebenfalls ist grundsätzlich das vollständige oder teilweise Amputieren von Körperteilen eines Wirbeltieres verboten, es sei denn der Eingriff ist im Einzelfall bei jagdlich zu führenden Hunden für die vorgesehene Nutzung des Tieres unerlässlich und tierärztliche Bedenken stehen dem nicht entgegen (§ 6 Abs. 1 Satz 1 und 2 Nr. 1 b TierSchG). Im Einzelfall kann also das Kupieren der Rute eines Jagdhundes zulässig sein.

Straf- und Bußgeldvorschriften

Verstöße gegen das TierSchG können Straftaten oder Ordnungswidrigkeiten darstellen (§§ 17 ff. TierSchG). Insbesondere ist es strafbar (Freiheits- oder Geldstrafe), ein Wirbeltier ohne vernünftigen Grund zu töten oder diesem aus Rohheit erhebliche Schmerzen oder Leiden oder länger anhaltende oder sich wiederholende erhebliche Schmerzen und Leiden zuzufügen.

3.2 Waffenrecht

Wichtige Rechtstexte

Waffengesetz (WaffG), Allgemeine Waffengesetz-Verordnung (AWaffV), Allgemeine Verwaltungsvorschrift zum Waffengesetz (WaffVwV), Gesetz über die Prüfung und Zulassung von Feuerwaffen, Böllern, Geräten, bei denen zum Antrieb Munition verwendet wird, sowie von Munition und sonstigen Waffen (Beschussgesetz – BeschG), Allgemeine Verordnung zum Beschussgesetz (Beschussverordnung – BeschussV)

Gegenstand und Zweck des Waffenrechts

Das WaffG regelt den Umgang mit Waffen oder Munition unter Berücksichtigung der öffentlichen Sicherheit und Ordnung (§ 1 Abs. 1 WaffG).

Umgang mit einer Waffe oder Munition hat, wer diese erwirbt, besitzt, überlässt, führt, verbringt, mitnimmt, damit schießt, herstellt, bearbeitet, instand setzt oder damit Handel treibt (§ 1 Abs. 3 WaffG). Näher definiert werden die Begriffe in Anlage 1 Abschnitt 2 Nr. 1-7 WaffG. Im Sinne des WaffG

1. **erwirbt** eine Waffe oder Munition, wer die tatsächliche Gewalt darüber *erlangt*,
2. **besitzt** eine Waffe oder Munition, wer die tatsächliche Gewalt darüber *ausübt*,
3. **überlässt** eine Waffe oder Munition, wer die tatsächliche Gewalt darüber einem anderen *einräumt*,
4. **führt** eine Waffe, wer die tatsächliche Gewalt darüber außerhalb der eigenen Wohnung, Geschäftsräume, des eigenen befriedeten Besitztums oder einer Schießstätte ausübt,
5. **verbringt** eine Waffe oder Munition, wer diese Waffe oder Munition über die Grenze zum dortigen Verbleib oder mit dem Ziel des Besitzwechsels in den, durch den oder aus dem Geltungsbereich des Gesetzes zu einer anderen Person oder zu sich selbst transportieren lässt oder selbst transportiert,

6. **nimmt** eine Waffe oder Munition **mit**, wer diese Waffe oder Munition vorübergehend auf einer Reise ohne Aufgabe des Besitzes zur Verwendung über die Grenze in den, durch den oder aus dem Geltungsbereich des Gesetzes bringt,

7. **schießt**, wer mit einer Schusswaffe Geschosse durch einen Lauf verschießt, Kartuschenmunition (Hülse mit Ladung ohne Geschoss) abschießt, mit Patronen- oder Kartuschenmunition Reiz- oder andere Wirkstoffe verschießt oder pyrotechnische Munition verschießt.

Das Waffenrecht stellt auf die tatsächliche Innehabung von Waffen oder Munition ab und nicht auf den rechtmäßigen Besitz oder das Eigentum.

Waffen sind Schusswaffen oder ihnen gleichgestellte Gegenstände und tragbare Gegenstände, die die Angriffs- oder Abwehrfähigkeit von Menschen beseitigen oder herabsetzen können, weil sie entweder ihrem Wesen nach dazu bestimmt sind (z.b. Hieb- und Stoßwaffen, Präzisionsschleudern oder Elektroschocker) oder weil sie dazu geeignet und im Gesetz genannt sind (z.b. Spring-, Fall-, Faust-, Butterflymesser, § 1 Abs. 2 WaffG, Anlage 1 Abschnitt 1 Unterabschnitt 2 WaffG). Von den Hieb- und Stoßwaffen abzugrenzen sind Werkzeuge, wie z.b. Macheten, Fahrtenmesser oder Jagdnicker. Ebenfalls keine Waffen sind Gebrauchsmesser (z.b. Küchenmesser oder Taschenmesser), wovon regelmäßig ausgegangen werden kann, wenn die Klinge entweder kürzer als 8,5 cm oder nicht zweischneidig ist (WaffVwV). Bei Schusswaffen wird wie folgt unterschieden (Anlage 1 Abschnitt 1 Unterabschnitt 1 WaffG):

- **Schusswaffen** sind Gegenstände, die zum Angriff oder zur Verteidigung, zur Signalgebung, zur Jagd, zur Distanzinjektion, zur Markierung, zum Sport oder zum Spiel bestimmt sind und bei denen Geschosse durch einen Lauf getrieben werden. Armbrüste sind den Schusswaffen gleichgestellt (nicht Pfeil und Bogen).
- **Langwaffen** sind Schusswaffen, deren Lauf und Verschluss in geschlossener Stellung insgesamt länger als 30 cm sind und deren kürzeste bestimmungsgemäß verwendbare Gesamtlänge 60 cm überschreitet (Büchse, Flinte, kombinierte Waffe);
- **Kurzwaffen** sind alle anderen Schusswaffen (Pistolen oder Revolver).

- **Einzelladerwaffen** sind Schusswaffen ohne Magazin mit einem oder mehreren Läufen, die vor jedem Schuss aus demselben Lauf von Hand geladen werden.

- **Repetierwaffen** sind Schusswaffen, bei denen nach Abgabe eines Schusses über einen von Hand zu betätigenden Mechanismus Munition aus einem Magazin in das Patronenlager nachgeladen wird.

- **Automatische Schusswaffen** sind Schusswaffen, die nach Abgabe eines Schusses selbsttätig erneut schussbereit werden und bei denen aus demselben Lauf durch einmalige Betätigung des Abzuges oder einer anderen Schussauslösevorrichtung mehrere Schüsse abgegeben werden können (Vollautomaten) oder durch einmalige Betätigung des Abzuges oder einer anderen Schussauslösevorrichtung jeweils nur ein Schuss abgegeben werden kann (Halbautomaten). Double-Action-Revolver sind keine halbautomatischen Schusswaffen.

- **Schalldämpfer** sind Vorrichtungen, die der wesentlichen Dämpfung des Mündungskanals dienen und für Schusswaffen bestimmt sind.

- **Wesentliche Teile** von Schusswaffen sind der Lauf, der Verschluss sowie das Patronenlager, wenn diese nicht bereits Bestandteil des Laufes sind, bei Kurzwaffen auch das Griffstück mit Auslösemechanismus. Andere Teile (z.B. die Abzugseinrichtung oder der Schaft) sind keine wesentlichen Teile. Wesentliche Teile von Schusswaffen und Schalldämpfer stehen Schusswaffen gleich.

- **Austauschläufe** sind Läufe für ein bestimmtes Waffenmodell oder –system, die ohne Nacharbeit ausgetauscht werden können.

- **Wechselläufe** sind Läufe, die für eine bestimmte Waffe zum Austausch des vorhandenen Laufes vorgefertigt sind und die noch eingepasst werden müssen.

- **Einstecklläufe** sind Läufe ohne eigenen Verschluss, die in die Läufe von Waffen größeren Kalibers eingesteckt werden können.

- **Wechseltrommeln** sind Trommeln für ein bestimmtes Revolvermodell, die ohne Nacharbeit gewechselt werden können.

- **Wechselsysteme** sind Wechselläufe einschließlich des für sie bestimmten Verschlusses.

- **Einstecksysteme** sind Einstecklläufe einschließlich des für sie bestimmten Verschlusses.

- **Einsätze** sind Teile, die den Innenmaßen des Patronenlagers der Schusswaffe angepasst und zum Verschießen von Munition kleinerer Abmessungen bestimmt sind.
- **Anscheinswaffen** sind Schusswaffen, die ihrer äußeren Form nach im Gesamterscheinungsbild den Anschein von Feuerwaffen hervorrufen und bei denen zum Antrieb der Geschosse keine heißen Gase verwendet werden, sowie Nachbildungen von Schusswaffen und unbrauchbar gemachte Schusswaffen.

Bei **Munition** unterscheidet das Gesetz zwischen Patronenmunition (Hülsen mit Ladungen, die ein Geschoss enthalten, und Geschosse mit Eigenantrieb), Kartuschenmunition (Hülsen mit Ladung ohne Geschoss) und hülsenlose Munition (mit oder ohne Geschoss). Keine Munition im Sinne des Gesetzes sind daher Pfeile, Kugeln für Schleudern, Diabolos, Platzpatronen.

Kennzeichnung von Schusswaffen und Munition

Wer Waffen herstellt oder in den Geltungsbereich des Gesetzes verbringt, hat mindestens auf einem wesentlichen Teil folgende Angaben anzubringen: Name des Waffenherstellers (oder Waffenhändlers im Geltungsbereich des Gesetzes), Herstellungsland, Bezeichnung der Munition, bei Importwaffen Einfuhrland, Seriennummer. Bei Munition ist auf der kleinsten Verpackungseinheit der Hersteller, die Fertigungsserie (Fertigungszeichen), Zulassung und die Bezeichnung der Munition anzugeben; Herstellerzeichen und Bezeichnung (z.B. Längenangabe 70 bei einer Schrotpatrone im Kaliber 12/70) sind auch auf der Munition anzubringen. Wiedergeladene Munition ist mit einem besonderen Kennzeichen zu versehen (§ 24 WaffG).

Beschussprüfung

Wer Feuerwaffen (d.h. Schusswaffen, bei denen Geschosse mittels heißer Gase durch den Lauf getrieben werden, also nicht z.B. Druckluft- oder Federdruckwaffen), Böller sowie höchstbeanspruchte Teile, die ohne Nacharbeit ausgetauscht werden können, herstellt oder in den Geltungsbereich des Gesetzes verbringt, hat sie, bevor er sie in den Verkehr bringt, durch Beschuss amtlich prüfen zu lassen. Dies gilt auch, wenn höchstbeanspruchte Teile ausgetauscht, verändert oder instandgesetzt werden (§ 3 BeschG).

72

Höchstbeanspruchte Teile sind u.a. Lauf (Austausch-, Wechsel-, Einsteck-lauf), Verschluss, bei Kurzwaffen das Griffstück (wegen des Auslöseme-chanismus) und Wechseltrommeln (§ 2 Abs. 2 BeschG).

Ausnahmen von der Beschusspflicht gibt es u.a. für Feuerwaffen, die vor dem 01.01.1891 hergestellt und nicht verändert worden sind (nicht ausge-nommen sind aber Nachbauten derartiger Waffen), für Schusswaffen mit einem Patronen- und Kartuschenlager mit einem Durchmesser kleiner als 6 mm und einer Länge kleiner 7 mm und für Feuerwaffen, die das Beschuss-zeichen eines Staates tragen, mit dem die gegenseitige Anerkennung der Beschusszeichen vereinbart ist (§ 4 BeschG). Deutschland ist C.I.P.-Mit-gliedstaat (Commission Internationale Permanente pour l'Épreuve des Armes à Feu Portatives, www.cip-bobp.org) neben Belgien, Chile, Finn-land, Frankreich, Italien, Österreich, Russland, Slowakei, Spanien, Tsche-chien, Ungarn, Vereinigte Arabische Emirate, Vereinigtes Königreich. U.a. Einsteckläufe ohne Verschluss oder bestimmte Feuerwaffen, deren Ge-schosse eine Bewegungsenergie von nicht mehr als 7,5 Joule erteilt wird, sowie Schreckschuss-, Reizstoff- und Signalwaffen unterliegen einer Bau-artzulassung (§§ 7 f. BeschG).

Die **Beschussprüfung** bezieht sich auf die Haltbarkeit, die Funktionssicher-heit, Maßhaltigkeit und Kennzeichnung von Feuerwaffen (§ 5 BeschG). Bei erfolgreicher Beschussprüfung sind die Feuerwaffen und deren höchst-beanspruchten Teile mit dem amtlichen **Beschusszeichen** zu versehen:

Bundesadler, darunter:	Bedeutung	CIP, darunter:
N	Normaler Beschuss	N
V	Verstärkter Beschuss	S
SP	Schwarzpulverbeschuss	PN
L	Beschuss für flüssige oder gasförmige Gemische	N
J	Instandsetzungsbeschuss	N
F	Freiwilliger Beschuss	N
B	Böllerbeschuss	

Sonstige Beschuss- und Zulassungszeichen:

 Schusswaffen, deren Geschossen eine Bewegungsenergie von weniger als 7,5 Joule erteilt wird.

 Stahlschrotbeschuss, auch unterhalb CIP

 Handfeuerwaffen, Einsteckläufe, auch CIP mit einem „T" darunter.

 Schreckschuss-, Reizstoff- und Signalwaffen

Unbrauchbarmachen von Waffen

Schusswaffen sind dann unbrauchbar gemacht, wenn sie in jedem wesentlichen Bestandteil unbrauchbar gemacht werden (Anlage 1 Abschnitt 1 Unterabschnitt 1 1.4 WaffG (Dekorationswaffe) i.V.m. der Durchführungsverordnung (EU) 2015/2403 der Kommission vom 15. Dezember 2015 zu Deaktivierungsstandards). Die Deaktivierung erfolgt durch einen Inhaber einer Waffenherstellungserlaubnis, ist mit einer Deaktivierungsbescheinigung zu versehen, vom Beschussamt zu prüfen, das die Waffe kennzeichnet: EU DE [Symbol des Beschussamtes] [Jahreszahl (vierstellig)].

Erteilung der Erlaubnis zum Erwerb, Besitz und Führen von Waffen

Der Umgang mit Waffen oder Munition im Sinne des Waffengesetzes ist grundsätzlich nur Personen gestattet, die das 18. Lebensjahr vollendet haben. Darüber hinaus bedarf der Umgang mit **Schusswaffen** und **Munition** im Sinne des Waffengesetzes grundsätzlich der Erlaubnis (§ 2 Abs. 2 WaffG). Der erlaubnispflichtige Erwerb und Besitz von Waffen wird durch Eintrag in eine **Waffenbesitzkarte** und das erlaubnispflichtige Führen durch einen **Waffenschein** erteilt (§ 10 Abs. 1 und Abs. 4 WaffG). Das **Verbringen** von bestimmten Schusswaffen in, aus oder durch den Geltungsbereich des Gesetzes bedarf einer Erlaubnis (§§ 29 ff. WaffG), grundsätzlich auch des anderen Staates. Mit einem **Europäischen Feuerwaffenpass** können Jäger ohne gesonderte Erlaubnis zum Zweck der Jagd drei Langwaffen und passende Munition in einen anderen Mitgliedstaat mitnehmen (§ 32 WaffG). Enthält der Feuerwaffenpass keine entgegenstehenden Vermerke, bedarf es auch nicht der Zustimmung des Ziellandes.

Grundsätze der Voraussetzung für den Erwerb von Waffen

Grundsätzlich setzt die Erteilung einer Erlaubnis (nach § 4 Abs. 1 WaffG) voraus, dass der Antragsteller

1. das 18. Lebensjahr vollendet hat,
2. die erforderliche Zuverlässigkeit (§ 5 WaffG) und persönliche Eignung (§ 6 WaffG) besitzt,
3. die erforderliche Sachkunde nachgewiesen hat (§ 7 WaffG),
4. ein Bedürfnis nachgewiesen hat (§ 8 WaffG) und
5. bei der Beantragung eines Waffenscheins oder einer Schießerlaubnis eine Versicherung gegen Haftpflicht in Höhe von 1 Million Euro – pauschal für Personen- und Sachschäden – nachweist.

Im Einzelnen:

- **Kinder** (unter 14 Jahren) und **Jugendliche** (14-17 Jahre) dürfen mit Waffen grundsätzlich nicht umgehen. Ausnahmen können sich ergeben für Jugendliche im Rahmen eines Ausbildungs- oder Arbeitsverhältnisses unter Aufsicht wie auch für geprüfte Reizstoffsprühgeräte oder im Einzelfall mit besonderer Begründung (§ 3 WaffG). Weitere Ausnahmen können für den Leistungssport gemacht werden oder sind vorgesehen für das beaufsichtigte Schießen von Kindern, die das zwölfte Lebensjahr vollendet haben, mit Druckluft- und Federdruckwaffen in Schießstätten und Jugendlichen mit sonstigen Schusswaffen bis zu einem von Kaliber 5,6 mm lfB (.22 l.r.) für Munition mit Randfeuerzündung, wenn die Mündungsenergie höchstens 200 Joule beträgt, und Einzelladerlangwaffen mit glatten Läufen mit Kaliber 12 oder kleiner („Kleinkaliberwaffe"). **Jugendliche in der Jagdausbildung** dürfen ferner ohne Erlaubnis mit Jagdwaffen schießen, wenn der Sorgeberechtigte und der Ausbildungsleiter ihr Einverständnis in einer von beiden unterzeichneten Berechtigungsbescheinigung erklärt haben (§ 27 Abs. 3-5 WaffG). **Personen in der Ausbildung zum Jäger** dürfen nicht schussbereite (d.h. nicht geladene und auch nicht „unterladene") Jagdwaffen in der Ausbildung ohne Erlaubnis *unter Aufsicht eines Ausbilders* erwerben, besitzen und führen, wenn sie das 14. Lebensjahr vollendet haben und der Sorgeberechtigte und der Ausbildungsleiter ihr

Einverständnis in einer von beiden unterzeichneten Berechtigungsbescheinigung erklärt haben. Die Person hat in der Ausbildung die Berechtigungsbescheinigung mit sich zu führen (§ 37 Abs. 8 WaffG). **Inhaber eines Jugendjagdscheins** dürfen Schusswaffen und die dafür
bestimmte Munition nur für die Dauer der Ausübung der Jagd oder des
Trainings im jagdlichen Schießen einschließlich jagdlicher Schießwettkämpfe ohne Erlaubnis erwerben, besitzen, die Schusswaffen führen
und damit schießen. Sie dürfen im Zusammenhang mit diesen Tätigkeiten die Jagdwaffe nicht schussbereit ohne Erlaubnis führen (§ 13 Abs. 7
WaffG).

- Zur **Zuverlässigkeit** und persönlichen **Eignung** siehe oben im Kapitel
  1.3. Grundsätzlich haben Personen, die das 25. Lebensjahr noch nicht
  vollendet haben, für die erstmalige Erteilung einer Erlaubnis zum Erwerb und Besitz einer Schusswaffe auf eigene Kosten ein amts- oder
  fachärztliches oder fachpsychologisches Zeugnis über die geistige Eignung vorzulegen (§ 6 Abs. 3 WaffG). Dies gilt nicht Kleinkaliberwaf-
  fen. Für Jäger gilt diese Voraussetzung des Zeugnisses ebenfalls nicht
  (§ 13 Abs. 2 Satz 1 WaffG). Für alle Inhaber einer waffenrechtlichen
  Erlaubnis gilt aber, dass deren Zuverlässigkeit und persönliche Eignung
  in regelmäßigen Abständen (mindestens alle drei Jahre) zu prüfen ist
  (§ 4 Abs. 3 WaffG).

- Der Nachweis der **Sachkunde** erfolgt grundsätzlich durch eine entsprechende Sachkundeprüfung, mit der ausreichende Kenntnisse geprüft
  werden

  o über die beim Umgang mit Waffen und Munition zu beachten-
    den Rechtsvorschriften des Waffenrechts, des Beschussrechts
    sowie der Notwehr und des Notstands,

  o auf waffentechnischem Gebiet über Schusswaffen (Langwaf-
    fen, Kurzwaffen und Munition) hinsichtlich Funktionsweise,
    sowie Innen- und Außenballistik, Reichweite und Wirkungs-
    weise des Geschosses, bei verbotenen Gegenständen, die keine
    Schusswaffen sind, über die Funktions- und Wirkungsweise
    sowie die Reichweite,

  o über die sichere Handhabung von Waffen oder Munition ein-
    schließlich ausreichender Fertigkeiten im Schießen mit
    Schusswaffen (§ 1 Abs. 1 AWaffV).

Die Sachkunde kann auch nachgewiesen werden durch die **Jägerprü-fung** (§ 3 Abs. 1 Nr. 1 a AWaffV).

- Der **Nachweis eines Bedürfnisses** ist erbracht, wenn gegenüber den Belangen der öffentlichen Sicherheit und Ordnung
  o besonders anzuerkennende persönliche oder wirtschaftliche Interessen, vor allem als Jäger, Sportschütze, Brauchtumsschütze, Waffen- oder Munitionssammler, Waffen- oder Munitionssachverständiger, gefährdete Person, als Waffenhersteller oder -händler oder als Bewachungsunternehmer, und
  o die Geeignetheit und Erforderlichkeit der Waffen oder Munition für den beantragten Zweck

  glaubhaft gemacht werden. Sportschütze ist nur, wer einem schießsportlichen Verein angehört. Sportschützen haben das Bedürfnis konkret nachzuweisen (z.b. durch Schießnachweise) und bei der Erforderlichkeit zu berücksichtigen, ob nicht auf Vereinswaffen zurückgegriffen werden kann.

  Bei **Jägern** wird das Bedürfnis anerkannt, wenn
  o glaubhaft gemacht wird, dass die Schusswaffen und die Munition zur Jagdausübung oder zum Training im jagdlichen Schießen einschließlich jagdlicher Schießwettkämpfe benötigt wird, wobei bei Jahresjagdscheininhabern der Besitz von Langwaffen (unbegrenzt) und von zwei Kurzwaffen anerkannt ist, und
  o die zu erwerbende Schusswaffe und Munition nach dem BJagdG nicht verboten ist (§ 13 Abs. 1 und Abs. 2 WaffG).

Gültigkeit der Waffenbesitzkarte

In der Waffenbesitzkarte sind die Art, Anzahl und Kaliber der Schusswaffen anzugeben. Die Erlaubnis zum Erwerb einer Waffe gilt für die Dauer eines Jahres (wobei der erfolgte Erwerb innerhalb von zwei Wochen unter Benennung des Namens und der Anschrift des Überlassenden bei der Behörde anzuzeigen und in die Waffenbesitzkarte einzutragen ist), die Erlaubnis zum Besitz wird in der Regel unbefristet erteilt (§ 10 Abs. 1 und Abs. 1a WaffG, § 13 Abs. 3 WaffG).

Rücknahme und Widerruf einer Erlaubnis (§ 45 WaffG)

Eine Erlaubnis ist zurückzunehmen, wenn nachträglich bekannt wird, dass die Erlaubnis hätte versagt werden müssen. Eine Erlaubnis ist zu widerrufen, wenn nachträglich Tatsachen eintreten, die zur Versagung hätten führen müssen oder inhaltliche Beschränkungen der Erlaubnis nicht beachtet werden. Verweigert ein Betroffener seine Mitwirkung im Falle der Überprüfung des Vorliegens der für die Erlaubnis erforderlichen Tatbestandsmerkmale, kann die Behörde deren Wegfall vermuten.

Einzelfälle des Erwerbs von Waffen durch den Jäger

Langwaffen

Der Erwerb einer Langwaffe kann allein durch Vorlage eines Jahresjagdscheins erfolgen. Liegt kein Jahresjagdschein vor (sondern nur ein Tagesjagdschein), muss das Bedürfnis für den Erwerb der Waffe glaubhaft gemacht werden und die Erlaubnis zum Erwerb der Waffe in die Waffenbesitzkarte eingetragen werden. Der erfolgte Erwerb ist in jedem Fall innerhalb von zwei Wochen in die Waffenbesitzkarte einzutragen.

Kurzwaffen

Für den Erwerb einer Kurzwaffe ist die Eintragung einer Erwerbserlaubnis in der Waffenbesitzkarte erforderlich sowie auch der Erwerb innerhalb von zwei Wochen einzutragen ist. Bei Jahresjagdscheininhabern ist das Bedürfnis für zwei Kurzwaffen anerkannt, nicht jedoch für weitere Kurzwaffen und im Falle von Tagesjagdscheininhabern. Das Bedürfnis muss dann nachgewiesen werden. Bei Jahresjagdscheininhabern ist beispielsweise auch darauf einzugehen, warum nicht eine der bestehenden Kurzwaffen veräußert werden kann. Die Erwerbserlaubnis wird für ein Jahr erteilt (s.o.).

Schalldämpfer

Schalldämpfer stehen den Schusswaffen gleich, für die sie bestimmt sind. Bei erlaubnispflichtigen Waffen muss daher für Erwerb und Besitz dazugehöriger Schalldämpfer das Bedürfnis nachgewiesen werden. In Hessen wird aus Gründen des Gesundheitsschutzes das Bedürfnis für zumindest eine

Jagdlangwaffe mit schalenwildtauglichem Kaliber anerkannt, gegebenenfalls auch für mehrere Waffen (z.B. Nachsuchengespann), wenn eine derartige Waffe in der Waffenbesitzkarte des Jägers eingetragen ist (VV-Schalldämpfer vom 23.5.2017, StAnz. 23/2017, S. 556). Die Erwerbserlaubnis und der Erwerb werden in die Waffenbesitzkarte eingetragen.

Wechsel- und Austauschläufe, Wechselsysteme, Wechseltrommeln

Diese Teile können Inhaber einer Waffenbesitzkarte erlaubnisfrei erwerben, soweit die Teile gleichen oder geringeren Kalibers bzw. im Falle von Wechseltrommeln gleichen oder geringeren Geschossdurchmessers und Gasdrucks wie die in der Waffenbesitzkarte eingetragenen Waffen sind (Anlage 2 Abschnitt 2 Unterabschnitt 2 Ziffer 2 WaffG). Die Teile sind in die Waffenbesitzkarte einzutragen.

Einsteckläufe, Einstecksysteme, Einsätze

Diese Teile kann der Inhaber einer Waffenbesitzkarte für die dort eingetragenen Schusswaffen erlaubnisfrei erwerben und besitzen (Anlage 2 Abschnitt 2 Unterabschnitt 2 Ziffer 2a WaffG).

Erwerb von Waffen und Zubehör durch Jäger mit Jahresjagdschein

Waffe/Zubehör	Nachweis des Bedürfnisses?	Eintrag in die Waffenbesitzkarte von…	
		Erwerbserlaubnis?	Erwerb?
Langwaffe	Nein	Nein	Ja
Kurzwaffe	Bis 2 nein	Ja	Ja
Schalldämpfer für Jagdwaffe	Ja	Ja	Ja
Wechsel- und Austauschläufe, Wechselsysteme, Wechseltrommeln gleichen oder geringeren Kalibers wie Jagdwaffe	Nein	Nein	Ja
Einsteckläufe, Einstecksysteme, Einsätze für eingetragene Jagdwaffen	Nein	Nein	Nein

Frei erwerbliche Waffen und Zubehör

Beispiele für Waffen, deren **Erwerb** und **Besitz** erlaubnisfrei ist:

- Druckluft-, Federdruck und Waffen, bei denen zum Antrieb kalte Treibgase Verwendung finden, die vor dem 01.01.1970 (in der DDR vor dem 02.04.1991) hergestellt und in den Handel gebracht wurden, oder wenn den Geschossen eine Bewegungsenergie von nicht mehr als 7,5 Joule erteilt wird und die entsprechend gekennzeichnet sind.
- Zugelassene Schreckschuss, Reizstoff- und Signalwaffen (mit Kleinem Waffenschein, s.u.) und Kartuschenmunition für diese Waffen.
- Bestimmte alte Waffen (z.b. Perkussionswaffen, Schusswaffen mit Lunten- oder Funkenzündung oder Zündnadelzündung, deren Modelle vor 1871 entwickelt worden sind).
- Armbrüste

Erlaubnisfrei **geführt** werden dürfen Schusswaffen mit Lunten- oder Funkenzündung, deren Modell vor 1871 entwickelt worden ist, und Armbrüste.

Munitionserwerb durch den Jäger

Grundsätzlich wird die Erlaubnis zum Erwerb und Besitz von Munition in die Waffenbesitzkarte für die dort aufgeführten Waffen eingetragen (§ 10 Abs. 3 WaffG). Im Hinblick auf den Munitionserwerb für Kurzwaffen gilt dieser Grundsatz auch für Jäger. Für Jagd-Langwaffen bedürfen Jäger für den Erwerb und Besitz von Munition, sofern nicht für Jagdzwecke verboten, keiner Erlaubnis (§ 13 Abs. 5 WaffG). Wer Patronenhülsen mit Treibladungspulver laden oder wiederladen möchte, benötigt eine Erlaubnis nach dem Sprengstoffgesetz, die nach Bestehen einer staatlichen Prüfung und Nachweis eines – bei Jägern gegebenen – Bedürfnisses erteilt wird.

Munitionserwerb in besonderen Fällen

Keiner Erlaubnis zum Erwerb und Besitz von Munition bedarf, wer diese lediglich zum sofortigen Verbrauch auf einer Schießstätte erwirbt (§ 12 Abs. 2 Nr. 2 WaffG). Gleiches gilt für von einem Berechtigten vorübergehend an den Inhaber einer Waffenbesitzkarte überlassene Waffen (§ 12 Abs. 2 Nr. 1 i.V.m. Abs. 1 Nr. 1 WaffG, siehe auch unten).

Überlassen von Waffen und Munition

Erlaubnisfrei ist der Erwerb und Besitz von Waffen und dazugehöriger Munition eines Inhabers einer Waffenbesitzkarte von einem Berechtigten (§ 34 Abs. 1 WaffG), wenn dies nur **vorübergehend** erfolgt

- für höchstens einen Monat für einen von seinem Bedürfnis umfassten Zweck oder im Zusammenhang damit (z.b. unter Jägern, aber beispielsweise nicht von einem Sportschützen an den Türsteher einer Diskothek) oder
- zum Zwecke der sicheren Verwahrung (z.b. bei Urlaubs- oder berufsbedingter Abwesenheit) oder Beförderung an einen Berechtigten (§ 12 Abs. 1 Nr. 1 WaffG).

Die Berechtigung ist zu überprüfen, weshalb auf die Eintragungen in den Waffenbesitzkarten des Verleihers und Entleihers zu achten ist. Das vorübergehende Überlassen ist in einem entsprechenden Beleg zu dokumentieren. Aus dem Beleg geht der Name des Überlassers, des Besitzberechtigten und das Datum der Überlassung hervor (§ 38 Nr. 2 e WaffG). Erfolgt die Überlassung von Schusswaffen **dauerhaft**, so hat der Überlasser dies binnen zwei Wochen der zuständigen Behörde schriftlich anzuzeigen und die Waffenbesitzkarte vorzulegen (§ 34 Abs. 2 Satz 2 WaffG).

Sollen Waffen oder Munition zum Kauf oder Tausch über eine **Anzeige** (im Internet oder in einer Zeitschrift) angeboten werden, ist auf das Erfordernis der Erwerbsberechtigung hinzuweisen:

- bei erlaubnispflichtigen Schusswaffen/Munition: „Abgabe nur an Inhaber einer Erwerbserlaubnis",
- bei nicht erlaubnispflichtigen Schusswaffen/Munition: „Abgabe nur an Personen mit vollendetem 18. Lebensjahr",
- bei verbotenen Waffen: „Abgabe nur an Inhaber einer Ausnahmegenehmigung."

Grundsätzlich sind auch Name und Anschrift des Anbieters in der Anzeige anzugeben. Privatpersonen, die Waffen anbieten, können dieser Veröffentlichung widersprechen. Derjenige, der die Anzeige veröffentlicht, ist in diesen Fällen verpflichtet, die Personalien ein Jahr lang aufzubewahren und auf Verlangen der Behörden Einsicht in die Unterlagen zu gewähren (§ 35 Abs. 1 WaffG).

Das Überlassen einer erlaubnispflichtigen Schusswaffe oder Munition an einen Nichtberechtigten stellt eine **Straftat** dar, die mit Freiheitsstrafe bis zu drei Jahren oder Geldstrafe geahndet werden kann (§ 52 Abs. 3 Nr. 7 WaffG).

Führen und Transportieren von Waffen

Für das **Führen** erlaubnispflichtiger Waffen ist grundsätzlich ein Waffenschein erforderlich (§ 10 Abs. 4 Satz 1 WaffG). Ein Waffenschein wird für höchstens drei Jahre erteilt (§ 10 Abs. 4 Satz 2 WaffG). Für Schreckschuss-, Reizstoff- und Signalwaffen, die das Zulassungszeichen „PTB im Kreis" tragen, kann ein Waffenschein ohne Sachkunde-, Bedürfnis- und Haftpflichtversicherungsnachweis erstellt werden (Kleiner Waffenschein, § 10 Abs. 4 Satz 4 WaffG i.V.m. Anlage 2 Abschnitt 2 Unterabschnitt 3 WaffG). Waffen dürfen auch mit Zustimmung eines anderen in dessen Wohnung, Geschäftsräumen oder befriedeten Besitztum (z.B. Bewachungsunternehmen oder Bewacher auf dem Grundstück des bewachten Objekts) oder dessen Schießstätte zu einem von seinem Bedürfnis umfassten Zweck oder im Zusammenhang damit ohne gesonderte Erlaubnis geführt werden (§ 12 Abs. 3 Nr. 1 WaffG, WaffVwV). Bei öffentlichen Vergnügungen, Volksfesten, Sportveranstaltungen, Messen und Ausstellungen (mit der Ausnahme von gewerblichen Ausstellungen), Märkten oder ähnlichen öffentlichen Veranstaltungen dürfen grundsätzlich keine Waffen geführt werden (§ 42 Abs. 1 WaffG).

Ferner dürfen Waffen **nicht schussbereit** (d.h. nicht geladen, auch nicht „unterladen") und **nicht zugriffsbereit** (d.h. so, dass sie nicht unmittelbar in Anschlag gebracht werden können) von einem Ort zu einem anderen Ort befördert werden, sofern der **Transport** der Waffe zu einem von seinem Bedürfnis umfassten Zweck oder im Zusammenhang damit erfolgt (§ 12

Abs. 3 Nr. 2 WaffG), z.B. zum Büchsenmacher oder Schießstand, was auch für Jäger gilt. Für die Fahrt zum Schießstand oder Büchsenmacher folgt daraus, dass die Schusswaffe im Fahrzeug am besten in einem (mit einem Zahlen- oder Vorhängeschloss) verschlossenen Futteral oder Waffenkoffer transportiert wird, da die Waffe dann auf jeden Fall „nicht zugriffsbereit" im Sinne der Vorschrift ist (Anlage 1 Abschnitt 2 Ziffer 13 WaffG). Soweit Waffen in unverschlossenen Behältnissen transportiert werden, sind sie nur dann „nicht zugriffsbereit", wenn sie nicht innerhalb von drei Sekunden und mit weniger als drei Handgriffen unmittelbar in Anschlag gebracht werden können (weil sie sich während der Fahrt im Kofferraum eines Fahrzeugs befindet, WaffVwV).

Die **Inhaber eines gültigen Jagdscheins** benötigen auch zum Führen von Schreckschuss-, Reizstoff- und Signalwaffen innerhalb des Jagdreviers keinen Kleinen Waffenschein. Sie dürfen mit diesen Waffen im Rahmen der befugten Jagdausübung (z.B. Jagdhundeausbildung, Wildschadensverhütung, Jagdschutz) schießen. Insoweit liegt mit dem Jagdschein bereits eine äquivalente Erlaubnis vor.

Jäger dürfen Jagdwaffen zur befugten Jagdausübung, zur Ausbildung von Jagdhunden, zum Jagdschutz oder zum Forstschutz **führen und schießen**. Zur befugten Jagdausübung gehört auch die jagdbehördliche erlaubte beschränkte Jagdausübung in befriedeten Bezirken und der Abschuss von Tieren, die dem Naturschutzrecht unterliegen, wenn die naturschutzrechtliche Ausnahme oder Befreiung die Tötung durch den Jagdscheininhaber vorsieht. Jäger dürfen auch im Zusammenhang mit diesen Tätigkeiten, z.B. für die **Fahrt von der Wohnung ins Revier**, die Waffe **nicht schussbereit, aber zugriffsbereit führen**. Dies bedeutet, dass die Waffe nicht geladen sein darf. Die Waffe kann jedoch zugriffsbereit sein, also z.B. ohne Futteral auf der Rückbank eines Personenkraftwagens (PKW), auf einem Motorrad oder einem Fahrrad befördert werden. Dabei ist es unerheblich, ob es sich um Kurz- oder Langwaffen handelt, sofern diese Waffen zur Jagdausübung nach dem BJagdG nicht verboten sind. Einer Erlaubnis bedarf es weder auf den direkten Hin- und Rückwegen zur und von der Jagd, noch im Zusammenhang mit anderen jagdlichen Tätigkeiten und Veranstaltungen (z.B. Vorführungen für Aus-, Weiterbildungs- und Prüfungszwecke) sowie im

Rahmen der damit einhergehenden Erledigungen und Besorgungen wie „Abstecher" zur Bank oder Post (§ 13 Abs. 6 WaffG, WaffVwV). Schussbereit geführt werden darf die Waffe erst unmittelbar mit Beginn der Jagd. Im Fahrzeug muss die Waffe entladen sein, auch bei Fahrten im Revier („unterladen" genügt nicht, § 3 Abs. 3 VSG 4.4).

Wer Schusswaffen im Fahrzeug auf Reisen beispielsweise zu einer weiter entfernten Jagdveranstaltung transportiert, muss stets die erforderlichen Vorkehrungen treffen, um zu verhindern, dass Waffen und Munition abhandenkommen oder Dritte sie unbefugt an sich nehmen. Welche Vorkehrungen konkret zu treffen sind, ist abhängig vom Einzelfall und vom verantwortungsbewussten Waffenbesitzer in der jeweiligen Situation abzuwägen. Dies bedeutet, dass ein Fahrzeug mit Schusswaffen nicht über einen längeren Zeitraum unbeaufsichtigt abgestellt werden darf und die Waffen nicht von außen erkennbar sein sollten. Bei Hotelübernachtungen ist die Waffe ggf. im Hotelzimmer oder Hotelsafe einzuschließen, damit sie nicht aus einem abgestellten Fahrzeug entwendet werden kann. Zusätzliche Sicherungen an der Schusswaffe in Form von Abzugs- oder Waffenschlössern sind eine sinnvolle Ergänzung. Sinnvoll sind jedenfalls auch die von der PTB zugelassenen elektronischen Sicherungssysteme. Ebenso kann die Entfernung wesentlicher Waffenteile (z.B. Schloss, Kammerstängel, Vorderschaft) sinnvoll sein (§ 13 Abs. 9 AWaffV, WaffVwV). Das Mitführen wesentlicher Teile, die nicht zu einer schussfähigen Waffe zusammengebaut werden können, stellt dann kein erlaubnispflichtiges Führen von Waffen dar (§ 12 Abs. 3 Nr. 6 WaffG).

Das unerlaubte Führen einer Waffe kann einen **Straftatbestand** erfüllen (siehe insbesondere § 52 Abs. 3 Nr. 2 WaffG).

Wer eine Waffe führt, hat sich jederzeit zu legitimieren. Diese **Ausweispflicht** bedeutet für den Jäger, dass Personalausweis oder Pass, Waffenbesitzkarte, Jagdschein und ggf. schriftliche Jagderlaubnis für Jagdgäste und bei entliehener Waffe den Beleg mit dem Namen des Überlassers, des Besitzberechtigten und dem Datum der Überlassung mitzuführen sind und Polizeibeamten oder sonst zur Personenkontrolle Befugten auf Verlangen zu Prüfung auszuhändigen sind (§ 38 WaffG).

Schießen

Grundsätzlich wird auch für die Erlaubnis zum Schießen mit einer Schusswaffe ein Erlaubnisschein erteilt (§ 10 Abs. 5 WaffG). Auch dafür muss ein Bedürfnis geltend gemacht werden (denkbar beispielsweise für die Schädlingsbekämpfung, falls andere Maßnahmen nicht ausreichend sind) und die vorgeschriebene Haftpflichtversicherung nachgewiesen werden.

Kein Erlaubnisschein ist erforderlich:

- für das Schießen auf einer **Schießstätte** (§ 12 Abs. 4 Satz 1 WaffG) mit den auf Schießstätten zugelassenen Waffen,
- für das Schießen im Rahmen der **Jagdausübung**, einschließlich dem Ein- und Anschießen im Revier (§ 13 Abs. 6 WaffG), wobei unter Anschießen wenige Kontrollschüsse zur Überprüfung der Treffgenauigkeit und unter Einschießen die Einstellung der korrekten Treffpunktlage im Hinblick beispielsweise einer anderen Laborierung oder Entfernung zu verstehen ist (also keine Schießübungen oder Schießwettkämpfe im Revier),
- für das Schießen im **befriedeten Besitztum** mit Zustimmung des Inhabers des Hausrechts (was nicht der Eigentümer oder Besitzer sein muss, sondern beispielsweise ein Veranstaltungsleiter sein kann) für folgende Schusswaffen:
  - o Schusswaffen, deren Geschosse eine Bewegungsenergie von nicht mehr als 7,5 Joule (J) erteilt wird (z.B. für entsprechende Druckluft- oder Federdruckwaffen) und Schreckschuss-, Reizstoff und Signalwaffen, sofern die Geschosse das Besitztum nicht verlassen können,
  - o Schusswaffen, mit denen nur Kartuschenmunition verschossen werden kann (§ 12 Abs. 4 Satz 2 Nr. 1 WaffG).

Verwahrung von Waffen und Munition (§ 36 WaffG, § 13 AWaffV, WaffVwV)

- **Grundsatz:** Wer Waffen oder Munition besitzt, hat die erforderlichen Vorkehrungen zu treffen, um zu verhindern, dass diese Gegenstände abhandenkommen oder Dritte sie unbefugt an sich nehmen.

- **Schusswaffen**, deren Erwerb und Besitz erlaubnispflichtig ist, sind ungeladen in einem Behältnis aufzubewahren, das mindestens der Norm DIN/EN 1143-1 mit dem Widerstandsgrad 0 oder I entspricht. Die Behörde kann eine gleichwertige Aufbewahrung zulassen. Vergleichbar gesicherte Räume sind als vergleichbar anzusehen. Alternative Sicherungseinrichtungen, die nicht Behältnis oder Raum sind, sind durch eine Akkreditierungsstelle zu zertifizieren. Die bis zum 06.07.2017 nach den bis dahin gültigen Vorschriften genutzten Sicherheitsbehältnisse dürfen von bisherigen Besitzern weiter genutzt werden, wie auch von Personen, die mit diesen in häuslicher Gemeinschaft leben; für letztere auch im Erbfall. Sonstige Waffen (z.B. Druckluftwaffe) sind in einem verschlossenen Behältnis zu verwahren.
- Schlüssel und Code eines Sicherheitsbehältnisses dürfen nicht an unberechtigte Dritte gelangen. Mehrere Jäger in häuslicher Gemeinschaft können Waffen auch gemeinsam verwahren.
- Für erlaubnispflichtige **Munition** genügt die Verwahrung in einem Stahlbehältnis ohne Klassifizierung mit Schwenkriegelschloss.
- Bei der Bestimmung der **Zahl der Waffen**, die in einem Sicherheitsbehältnis aufbewahrt werden dürfen, bleiben wesentliche Teile und Schalldämpfer außer Betracht.

Behältnis	erlaubnispflichtige			erlaubnisfreie
	Lang-waffen	**Kurz-waffen**	**Muni-tion**	**Waffen oder Munition**
verschlossen	-	-	-	X
Stahlblechbehältnis mit Schwenkriegelschloss	-	-	X	X
0-Schrank mit Gewicht *unter* 200 kg	unbe-grenzt	5	X	X
0-Schrank mit Gewicht *über* 200 kg	unbe-grenzt	10	X	X
I-Schrank oder darüber	unbe-grenzt	unbe-grenzt	X	X

- In einem **nicht dauernd bewohnten Gebäude** dürfen nur bis zu drei Langwaffen, zu deren Erwerb und Besitz es einer Erlaubnis bedarf, aufbewahrt werden. Die Aufbewahrung darf nur in einem mindestens der Norm DIN/EN 1143-1 Widerstandsgrad I entsprechenden Sicherheitsbehältnis erfolgen.

- Bei der **vorübergehenden Aufbewahrung** von Waffen und Munition müssen sich die erforderlichen Sicherheitsvorkehrungen nach der Dauer der Aufbewahrung und der Art und Menge der zu schützenden Gegenstände richten (s.o. zu Führen und Transportieren von Waffen).

- Die **Vorkehrungen** zu sicheren Verwahrung von Waffen **sind der Behörde nachzuweisen**. Besitzer erlaubnispflichtiger Waffen haben der Behörde zur Überprüfung der Vorkehrungen Zutritt zu den Räumen zu gewähren, in denen die Waffen und die Munition aufbewahrt werden. Damit sollen auch verdachtsunabhängige Kontrollen ermöglicht werden. Besteht keine dringende Gefahr für die öffentliche Sicherheit, muss der Waffenbesitzer nicht Zugang zu seiner Wohnung gestatten. Eine nicht nachvollziehbare Verweigerung der Kontrolle kann jedoch als ein Verstoß gegen die Mitwirkungspflicht des WaffG gesehen werden und zur waffenrechtlichen Unzuverlässigkeit führen.

- Keine ordnungsgemäße Aufbewahrung von Schusswaffen stellt eine **Ordnungswidrigkeit** dar (§ 53 Abs. 1 Nr. 23 WaffG i.V.m. § 34 Nr. 12 AWaffV), die mit bis zu 10 000 Euro geahndet werden kann. Wird durch eine nicht ordnungsgemäße Aufbewahrung die Gefahr verursacht, dass eine Schusswaffe abhandenkommt oder darauf unbefugt zugegriffen wird, stellt dies eine **Straftat** dar (§ 32 Abs. 3 Nr. 7a WaffG). Zudem sind Personen, die Waffen nicht sorgfältig verwahren, waffenrechtlich und jagdrechtlich **unzuverlässig** (§ 5 Abs. 1 Nr. 2 b WaffG, § 17 Abs. 3 Nr. 2 BJagdG).

Erben von Waffen und Munition (§ 20 WaffG)

Der Erbe, der im Falle des Todes eines Waffenbesitzers dessen Waffen in Besitz nimmt, hat dies unverzüglich, d.h. ohne schuldhaftes Zögern, der Behörde anzuzeigen (§ 37 Abs. 1 Satz 1 WaffG). Zudem hat der Erbe binnen eines Monats nach der Annahme der Erbschaft oder dem Ablauf der für die Ausschlagung der Erbschaft vorgeschriebenen Frist die Ausstellung einer Waffenbesitzkarte für die zum Nachlass gehörenden erlaubnispflichtigen Schusswaffen oder ihre Eintragung in eine bereits ausgestellte Waffenbesitzkarte zu beantragen. Das Erbenprivileg besteht darin, dass die Erlaubnis abweichend vom Grundsatz (in § 4 Abs. 1 WaffG) bereits dann zu erteilen ist, wenn der Erblasser berechtigter Besitzer der Waffen war (legale Waffen) und der Betroffene zuverlässig und persönlich geeignet ist. Sachkunde und Volljährigkeit sind nicht erforderlich (bei Minderjährigen dürfte allerdings regelmäßig die persönliche Eignung fehlen). Kann der Erbe ein Bedürfnis für das Führen der Waffen geltend machen, kann er diese auch führen (z.b. wenn ein Jäger Jagdwaffen von einem anderen Jäger erbt). Ansonsten muss die Waffe mit einem Blockiersystem gesichert werden, um eine unerlaubte Verwendung auszuschließen. Die Anbringung des Blockiersystems muss von einem autorisierten Büchsenmacher erfolgen und wird in die Waffenbesitzkarte des Erben eingetragen. Die Munition ist an einen Berechtigten abzugeben oder unbrauchbar zu machen.

Anzeigepflicht beim Abhandenkommen von Schusswaffen, Munition und Erlaubnisurkunden (§ 37 Abs. 2 WaffG)

Sind jemandem Waffen oder Munition, deren Erwerb der Erlaubnis bedarf, oder Erlaubnisurkunden abhandengekommen, so hat er dies der zuständigen Behörde unverzüglich anzuzeigen und, soweit noch vorhanden, die Waffenbesitzkarte und den Europäischen Feuerwaffenpass zur Berichtigung vorzulegen. Die örtliche Behörde unterrichtet zum Zweck polizeilicher Ermittlungen die örtliche Polizeidienststelle über das Abhandenkommen.

Zusammenfassender Überblick über die Meldepflichten

unverzüglich	innerhalb von zwei Wochen
- Erben erlaubnispflichtiger Waffen oder Munition - Finden erlaubnispflichtiger Waffen oder Munition - Abhandenkommen erlaubnispflichtiger Waffen oder Munition - Abhandenkommen von Erlaubnisurkunden	- Erwerb erlaubnispflichtiger Schusswaffen zur Eintragung in die Waffenbesitzkarte - Überlassen erlaubnispflichtiger Schusswaffen an andere - Unbrauchbarmachen/Zerstörung einer verbotenen oder erlaubnispflichtigen Schusswaffe

Verbotene Gegenstände nach dem Waffengesetz (Anlage 2 Abschnitt 1 WaffG)

Der Umgang mit verbotenen Waffen kann eine **Straftat** oder **Ordnungswidrigkeit** darstellen (siehe u.a. § 52 Abs. 1 Nr. 1, Abs. 3 Nr. 1 oder § 53 Abs. 1 Nr. 2 WaffG).

Beispiele verbotener Waffen:

- Vollautomatische Schusswaffen
- Vorderschaftsrepetierflinten mit Kurzwaffengriff
- Schusswaffen, die einen anderen Gegenstand vortäuschen (z.b. Schießkugelschreiber)
- Schusswaffen, die über das übliche Maß hinaus schnell zerlegt werden können
- Für Schusswaffen bestimmte Vorrichtungen, die das Ziel beleuchten (z.b. Zielscheinwerfer) oder markieren (z.b. Laser- oder Zielpunktprojektoren)
- Nachtsichtgeräte und Nachtzielgeräte mit Montagevorrichtung für Schusswaffen sowie Nachtsichtvorsätze und Nachtsichtaufsätze für Zielhilfsmittel (z.B. Zielfernrohre) sind, sofern die Gegenstände einen Bildwandler oder eine elektronische Verstärkung besitzen (erlaubt sind Leuchtabsehen in der Zieloptik oder auch Nachtsichtgeräte zum Beobachten)
- Hieb- oder Stoßwaffen, die ihrer Form nach geeignet sind, einen anderen Gegenstand vorzutäuschen (z.b. Stockdegen)
- Stahlruten, Totschläger, Schlagringe, Wurfsterne, Brandsätze, Elektro-Impulsgeräte ohne Zulassung, Präzisionsschleudern, Nun-Chakus
- Spring- und Fallmesser, Faustmesser, Butterflymesser; Ausnahmen: Springmesser mit einer nicht zweiseitig geschliffenen und höchstens 8,5 cm langen Klinge; Jäger dürfen Faustmesser besitzen, sofern sie diese zur Ausübung ihrer Tätigkeit benötigen (§ 40 Abs. 2 Satz 1 WaffG).
- Patronenmunition mit einem Kaliber kleiner als der Felddurchmesser des Laufes, die mit einer Treib- und Führungshülse umgeben sind, die

sich nach Verlassen des Laufs vom Geschoss trennt (Treibspiegelge-
schosse)

- Munition und Geschosse, die einen Leuchtspur-, Brand- oder Spreng-
satz oder einen Hartkern enthalten.

Zwar nicht der Erwerb oder Besitz, aber **das Führen verboten** ist bei

- Anscheinswaffen,
- Hieb- und Stoßwaffen,
- Messer mit einhändig feststellbarer Klinge (Einhandmesser) oder fest-
stehende Messer mit einer Klingenlänge über 12 cm,

wenn die Waffen nicht in einem beschlossenen Behältnis transportiert werden oder für das Führen ein berechtigtes Interesse vorliegt, wie z.b. die
Jagdausübung. Ein Verstoß gegen diese Vorschrift kann eine Ordnungswidrigkeit darstellen (§ 53 Abs. 1 Nr. 21a WaffG).

3.3 Lebensmittelhygienerecht

Auswahl wichtiger rechtlicher Grundlagen

Europäisches Recht

- Verordnung (EG) Nr. 178/2002 (Basisverordnung)
- Verordnung (EG) Nr. 852/2004 (Allgemeine Lebensmittelhygiene)
- Verordnung (EG) Nr. 853/2004 (Spezifische Hygienevorschriften für Lebensmittel tierischen Ursprungs)
- Verordnung (EG) Nr. 854/2004 (amtliche Überwachung)
- Durchführungsverordnung (EU) Nr. 1375/2015 (spezifische Anforderungen für die amtliche Fleischuntersuchung auf Trichinen)

Deutsches Recht

- Verordnung über Anforderungen an die Hygiene beim Herstellen, Behandeln und Inverkehrbringen von Lebensmitteln (Lebensmittelhygiene-Verordnung – LMHV)
- Verordnung über Anforderungen an die Hygiene beim Herstellen, Behandeln und Inverkehrbringen von bestimmten Lebensmitteln tierischen Ursprungs (Tierische Lebensmittel-Hygieneverordnung – Tier-LMHV)

Beispiele bedenklicher Merkmale

- Abnorme Verhaltensweisen und Störungen des Allgemeinbefindens
- Fehlen von Anzeichen äußerer Gewalteinwirkung als Todesursache (Fallwild)
- Geschwülste oder Abszesse, wenn sie zahlreich oder verteilt in inneren Organen oder in der Muskulatur vorkommen
- Schwellungen der Gelenke oder Hoden, Hodenvereiterung, Leber- oder Milzschwellung, Darm- oder Nabelentzündung, bei Federwild Entzündung des Herzens, des Drüsen- oder Muskelmagens
- Erhebliche Gasbildung, Abmagerung, offene Knochenbrüche
- frische Verklebungen oder Verwachsungen von Organen mit Brust- oder Bauchfell

Vermarktungswege für Wildbret

Eigenverbrauch		**1**
Abgabe kleiner Mengen (Jagdstrecke eines Tages) von Wild an den Endverbraucher oder den örtlichen Einzelhandel (Umkreis von 100 km um Wohnort des Jägers oder Erlegungsort)	in Decke/ Schwarte/ Federkleid	**+2**
	aus der Decke/ Schwarte/ Federkleid geschlagen, zerwirkt	**+3**
Abgabe an zugelassene Wildhandels- oder -bearbeitungsbetriebe		**+4**

Rechtliche Anforderungen an die Vermarktung

1	- Untersuchung von Wild auf bedenkliche Merkmale; wenn vorhanden: amtliche Fleischuntersuchung - Trichinenuntersuchungspflicht (mit Wildmarke und Wildursprungsschein) bei Wildschweinen, Sumpfbiber, Dachsen oder anderen Tieren, die Träger von Trichinen sein können
2	- Jäger als Lebensmittelunternehmer - Geschulte Person für bedenkliche Merkmale - Rückverfolgbarkeit (Ausnahme: Abgabe an Endverbraucher) - Grundlegende Hygieneanforderungen (schnellstmögliches Aufbrechen nach Erlegen, hygienischer Umgang mit Wildbret, sachgerechter Transport/Lagerung, Kühlung (nach Aufbrechen und Ausweiden Innentemperatur Großwild 7 °C, Kleinwild 4 °C), Schutz vor tierischen Schädlingen)
3	**Verordnung (EG) Nr. 852/2004** - Jäger hat sich als Lebensmittelunternehmer zu registrieren - Anforderungen zu persönlicher Hygiene und Hygiene/Kühlung der Arbeitsräume - Eigenkontrollen (z.B. Temperatur in Kühleinrichtung)
4	**Verordnung (EG) Nr. 853/2004** - Kundige Person für bedenkliche Merkmale - Wildbegleitschein über Erstuntersuchung - Wenn bedenkliche Merkmale vorliegen, Aufbruch mitgeben (auch bei Verdacht auf Umweltkontamination) - Amtliche Fleischuntersuchung im Betrieb

3.4 Bundeswaldgesetz; Hessisches Waldgesetz

Begriff des Waldes

Wald ist jede mit Forstpflanzen bestockte Grundfläche. Als Wald gelten auch kahlgeschlagene oder verlichtete Grundflächen, Waldwege, Waldeinteilungs- und Sicherungsstreifen, Waldblößen und Lichtungen, Waldwiesen, Wildäsungsplätze, Holzlagerplätze sowie weitere mit dem Wald verbundene und ihm dienende Flächen. Nicht als Wald gelten mit Bäumen bestandenen Grundflächen, die eine Umtriebszeit von maximal 20 Jahren haben (Kurzumtriebsplantagen), Flächen mit gleichzeitig landwirtschaftlicher Nutzung (agroforstliche Nutzung), einzelne Baumgruppen in der Flur oder im bebauten Gebiet, Baumschulen, Weihnachtsbaum- oder Schmuckreisigkulturen auf landwirtschaftlichen Flächen (§ 2 BWaldG, § 2 HWaldG). Unterschieden werden Staatswald (Eigentum von Bund oder Land), Körperschaftswald (kommunales Eigentum) und Privatwald.

Funktionen des Waldes

§ 1 Abs. 2 HWaldG nennt folgende Funktionen des Waldes: Schutzfunktion (Umwelt, Naturhaushalt, Vielfalt, Boden, Wasser), Nutzfunktion (Rohstoffproduzent), Klimaschutzfunktion und Erholungsfunktion. So kann ein Wald zum **Schutzwald** erklärt werden, um vor Erosionen, Wind, Austrocknung, Immissionen zu schützen (§ 12 BWaldG, § 13 Abs. 1 HWaldG). Noch strenger sind die Voraussetzungen an eine Aufhebung des Schutzstatus, wenn der Wald zum **Bannwald** erklärt wurde (§ 13 Abs. 2 HWaldG). Ein Kahlhieb oder eine starke Vorratsabsenkung im Schutz- oder Bannwald bedürfen der Genehmigung der oberen Forstbehörde (§ 13 Abs. 4 HWaldG). Wald kann zu **Erholungswald** erklärt werden, wenn es das Wohl der Allgemeinheit erfordert, Waldflächen für Zwecke der Erholung zu schützen, zu pflegen oder zu gestalten, z.B. in der Nähe von Verdichtungsgebieten, Kurorten etc. (§ 13 BWaldG, § 13 Abs. 6 HWaldG).

Bewirtschaftung des Waldes (§§ 3-7 HWaldG)

Um diese Funktionen zu erfüllen, muss die Bewirtschaftung des Waldes ordnungsgemäß (z.B. Vermeidung von Kahlschlägen mit einer Flächengröße von mehr als 1 ha; standortgerechte Baumarten), nachhaltig, planmäßig (Waldbesitzer haben bei einer Forstfläche ab 100 ha oder auf Aufforderung Betriebspläne aufzustellen; Betriebspläne für den Staatswald bedürfen der Genehmigung durch die oberste Forstbehörde, für den Körperschaftswald durch die obere Forstbehörde) und fachkundig erfolgen. Kahlflächen mit einer Flächengröße von mehr als 0,5 ha sind innerhalb von sechs Jahren durch Naturverjüngung, Pflanzung oder Saat wieder zu bewalden. Nadelholzbestände unter 50 Jahre und Laubholzbestände unter 80 Jahren dürfen nicht auf weniger als 40 % des Vorrats üblicherweise verwendeter Ertragstafeln herabgesetzt werden.

Betreten des Waldes (§ 14 BWaldG, §§ 15-17 HWaldG)

Das Betreten des Waldes zum Zwecke der Erholung ist ausdrücklich gestattet. Radfahren, Fahren mit Krankenstühlen und Reiten ist im Wald nur auf Straßen und (naturfesten) Wegen gestattet, die vom Waldbesitzer oder mit dessen Zustimmung angelegt wurden und auf denen unter gegenseitiger Rücksichtnahme ein gefahrloser Begegnungsverkehr möglich ist. Das Kutschfahren ist nur auf Wegen mit einer Breite von mindestens 2 m gestattet. Sonstige Nutzungen (Zelten, Rauchen, motorgetriebene Modellflugzeuge etc.) bedürfen der Zustimmung des Waldbesitzers. Nicht betreten werden dürfen Verjüngungsflächen und Flächen, auf denen Waldarbeiten durchgeführt werden, forst- und jagdbetriebliche Einrichtungen. Verstöße dagegen können eine Ordnungswidrigkeit darstellen. Nicht öffentliche Wege dürfen gesperrt werden für Holzerntearbeiten, Gesellschaftsjagden, bei Waldbrandgefahr, drohender Beschädigung von Forst-/Sonderkulturen, für den Schutz der Waldbesucher, aus Naturschutzgründen oder aus sonstigem öffentlichem Interesse (z.B. Waldlauf). Waldbesitzer haben die mit Zustimmung der unteren Forstbehörde und unter Beteiligung von Gemeinde und Naturparke unter Berücksichtigung der Grundstücksnutzung erfolgende Kennzeichnung von Rad-, Reit- und Wanderwegen zu dulden. Die Anbringung ist mit den Besitzern abzustimmen.

Anhang: Glossar und Jagdzeiten in Hessen

Glossar

AWaffV	Allgemeine Waffengesetz-Verordnung
BeschG	Beschussgesetz
BeschussV	Beschussverordnung
BGB	Bürgerliches Gesetzbuch
BJagdG	Bundesjagdgesetz
BNatSchG	Gesetz über Naturschutz und Landschaftspflege (Bundesnaturschutzgesetz)
BPO-Hessen	Bestimmungen über die Feststellung und den Nachweis der Brauchbarkeit für Jagdhunde in Hessen - Brauchbarkeitsprüfungsordnung
BWaldG	Gesetz zur Erhaltung des Waldes und zur Förderung der Forstwirtschaft, Bundeswaldgesetz
BWildSchV	Verordnung über den Schutz von Wild
GG	Grundgesetz
HAGBNatSchG	Hessisches Ausführungsgesetz zum Bundesnaturschutzgesetz
HBO	Hessische Bauordnung
HGO	Hessische Gemeindeordnung
HJagdG	Hessisches Jagdgesetz
HJagdV	Hessische Jagdverordnung
HMUKLV	Hessisches Ministerium für Umwelt, Klimaschutz, Landwirtschaft und Verbraucherschutz
HSOG	Hessisches Gesetz über die öffentliche Sicherheit und Ordnung
HWaldG	Hessisches Waldgesetz
HWG	Hessisches Wassergesetz
KV	Kompensationsverordnung
OWiG	Gesetz über Ordnungswidrigkeiten
StGB	Strafgesetzbuch
StPO	Strafprozessordnung
TierSchG	Tierschutzgesetz
WaffG	Waffengesetz
WaffVwV	Allgemeine Verwaltungsvorschrift zum Waffengesetz

Jagdzeiten in Hessen

Tabelle

Wildart	Klasse		Jagdzeit in Hessen
Rotwild[1]	Hirsche, Alttiere, Kälber		01.08.-31.01.
	Schmalspießer, Schmaltiere		01.05.-31.05. 01.08.-31.01.
Dam[1]- /Sikawild	Hirsche, Alttiere, Kälber		01.09.-31.01.
	Schmalspießer, Schmaltiere		01.08.-31.01.
Rehwild	Ricken, Kitze		01.09.-31.01.
	Schmalrehe, Böcke		01.05.-31.01.
Gamswild			01.08.-15.12.
Muffelwild			01.08.-31.01.
Schwarzwild	Keiler und Bachen		16.06.-31.01.
	Überläufer und Frischlinge		ganzjährig
Feldhasen			01.10.-31.12.
Wildkaninchen			ganzjährig
Fuchs			15.08.-28.02.
Steinmarder			16.10.-31.01.
Dachse			01.08.-31.10.
Marderhunde			01.09.-28.02.
Minks			01.09.-28.02.
Nutrias			01.09.-28.02.
Waschbären			01.08.-28.02.
Rebhühner			(16.09.-31.10.)[2]
Fasanenhähne			01.10.-15.01.
Ringeltauben	adulte Ringeltauben		01.11.-15.01.
	juvenile Ringeltauben		01.11.-20.02.
Türkentauben			(01.11.-15.01.)[2]
Graugänse			01.08.-31.10.[3]
Kanadagänse			01.08.-31.10.
Nilgänse			01.09.-15.01.
Stockenten			01.09.-15.01.
Blässhühner			(01.09.-15.01.)[2]
Lach-, Sturm-, Silber-, Mantel-, Heringsmöwen			(01.10.-15.01.)[2]
Elstern			01.08.-31.12.
Rabenkrähen			01.08.-31.12.

96

Erläuterungen zur Tabelle

In den Setz- und Brutzeiten dürfen bis zum Selbständigwerden der Jungtiere die für die Aufzucht notwendigen Elterntiere, auch die von Wild ohne Schonzeit, nicht bejagt werden (§ 22 Abs. 4 Satz 1 BJagdG).

Für nicht abschussplanpflichtiges Niederwild, insbesondere Feldhase und Stockente, soll die Bejagung nur so erfolgen, dass sich die Strecke bei ausreichenden Besatzdichten im Rahmen des jährlichen Zuwachses bewegt und die Aufgaben und Ziele nach § 1 des Hessischen Jagdgesetzes berücksichtigt werden.

In der Tabelle nicht aufgeführte Wildarten sind ganzjährig mit der Jagd zu verschonen.

[1] Zur Herstellung einer einheitlichen Jagdzeit in einem länderübergreifenden Rot- oder Damwildgebiet kann die oberste Jagdbehörde vom Bundesrecht oder vom hessischen Landesrecht abweichende Jagdzeiten festsetzen.

[2] Keine Jagdzeit bis 31.12.2019, danach mit der Jagd zu verschonen, wenn kein ausreichender Besatz vorhanden ist.

[3] Graugänse sind in bestimmten Vogelschutzgebieten auf Stillgewässern und innerhalb einer Ruhezone von 70 Metern um den Stillgewässerrand von der Jagd zu verschonen.